労務管理技術便覧

～覆面調査員が見る５つのポイント～

株式会社西河マネジメントセンター監修
西河　豊著

三恵社

はじめに

みもふたもないことを言いますと労務管理はセンスです。

センスは次の2点で補強できます。

1．勉強
2．労務管理の見える化、仕組み化

です。

これをやっていきましょう、それにはまず足りていない部分を気づきましょう。

実践していけば会社は強くなります。

将来は労務管理のセンスのある人のいる会社に勝てるかもしれません。

なぜならそのセンスは人についているもので、時間的に有限だからです。

逆に労務管理のセンスの無い人とはモラールや、生産性を低めることをつい言ってしまう人です。

第1章の労務管理とは、でその基本ロジックを知って貰います。

次に、自社の労務管理状況を冷静に見ましょう。
それが第2章　5つのチェックです。
ここは切り口を知ってください。
社長自ら社内の噂を探っていただくために覆面調査員というコピーを使いました。
その改善を仕組化するためのノウハウも示しています。
次の5つの視点が重要です。なぜ重要かは本編をお読みください。

Check1　規則が最新法規に合っているか？
Check2　ハラスメントがないか？
Check3　成果を測る評価方法を持っているか？
Check4　無駄な仕事の仕方をしていないか？
Check5　独自の福利厚生をしているか？
それぞれの項目で、出来ていなかった場合の改善のアイデアを示していきます。

後半は
第3章　労務監査の勧め

第4章　労務管理と支援策
付録　就業規則策定の考え方
です。

課題解決のための手法を示しますが、これは、規程を作れば済むという問題ではなく、それをいかに運用するかが重要ですと説いています。

よって、アカデミックに総花的なチェックリストを載せるようなこともいたしません。注力できる項目数には、限界があるからです。

何事も一朝一夕には成し遂げられません。

例えば、職場のモラールアップ施策で朝元気よく皆で挨拶しようとトップが就任時に思ったとしても、それだけを徹底するのに3年もかかるケースもあります。（これは経験より語っています）。

当社は最近流行りの考え方のジョブ型雇用とは考え方を異にしています。

やはり労務管理というのは、会社のために何でもできる愛社精神のある人材を育てることだと思うからです。

評価システム・福利厚生施策はその前提で書いています。

この移ろいやすい時代で、業務内容を固定できるならば、プロに委託したり、外注を使うべきと思うからです。

これらの労務管理技術向上は、御社の利害関係者である

＊お客様

＊金融機関

＊求人に応募しようとしている人

はよく見ています。

定着化の過程まで見える化された中でしっかり進めるべき一大業務です。

なお、労働法規のもっと基礎的部分はご自分で勉強してから本書をお読みください。経営者にとっては、必須の学習事項です。

株式会社西河マネジメントセンター　代表取締役　西河　豊

労務管理技術便覧
～調査員が見る５つのポイント～

目　次

第１章　労務管理とは

１．労務管理基本精神

まず、労務管理の考え方を説明します。

労務管理では、社内の士気を上げると言う側面と、コンプライアンスを守らせて悪い方向へ行かないようにリスク管理を図るという両面を解説しています。

また、相手の立場に沿って考える習慣など、当然なすべきことを説明しています。

自社戦略はいかにあるべきかをじっくり考えながら読んでください。

（1）性悪説と性善説　両方にらむ

これからの論において、従業員を性善説で見るのか、性悪説で見るのかということについて論じておきます。

一般的に経済学では性悪説、経営学では性悪説をベースにしていると言われています。

評価制度・研修制度と経営戦略のクロスするところは性善説で、リスク管理の中の不詳事故対策は性悪説で、見ることを前提としています。

これは、日々、少しずつ善の方へ、あるいは悪の方へぶれて行って極限まで行くイメージを持ってください。

管理をせずにぶれて行くというのは、結果的に経営側が誘導しているのと同じという意味です。

悪の方へ誘導というのはおかしいではないかと思われるかもしれませんが、不祥事件では、社員は小さな不正から始まってばれないことをいいことに徐々に踏み外していくのが一般的です。例えば、旅費の不正請求・出張清算の不正などです。

そこにチェックシステムを敷かない限り、誘導しているのと同じという意味です。

この良い方へも、悪い方へも想像力を働かせると言うことが重要であり、かつ、常に意識してないと出来ないことです。

このようなことは、社員を疑うようでチェックできないという管理職が時にいますが、これは社員の躾けと考えるべきです。

（2）経営戦略とのクロス

評価制度・研修制度策定ともに戦略を練る時には同時に労務管理を図るというこ

とです。

なぜ、それを同時にするかについては、必然性と効果性の観点からです。

稀に製造業で、労務管理がしっかりしていて、評価制度なども完璧な企業にめぐり合いますが、中小企業全体から見て、１％にも満たないでしょう。

流通関係の業種に至っては、環境が変化しますので、労務管理戦略についても常時見直す体制を作るべきです。

最も、労務管理で効果がないと思われる悪い例は、会社としての経営戦略を作らずに、評価制度・研修制度のみを強化する手法で、いわゆる「やれば出来るという体育会系精神」で乗り切ろうとするということです。戦略は変えないまま、研修として「営業マン研修」などに派遣しても効果は出ず、無理をして、はっぱをかけると業績数値が伸びても内容が伴わずに、長期で見れば逆に業績がしぼむという悪循環が生まれます。

ここまでは、当たり前の理屈なのですが、この戦略に基づいた評価制度・研修制度の策定、特に、戦略に基づいた就業規則作成については、経営者の皆様方は潜在的に苦手と思っています。

それは、労働法規というルールが介在してくるからです。いくらハードワークを目指しても1週間で40時間を超えては働かせられません。ここが、矛盾してしまうのです。

しかし、これは、この国で経営していく上での簡単なルールです。逆に言えば、同じ土俵（ルール）の上で戦わないと市場で勝ったことにはなりません。

大丈夫です。本書ではそれについても解説します。

2．モラールアップ（士気高揚）を図るには？

支店内ムードを盛り上げるためにはどうしたらよいのでしょうか？

Aさんが、経理で不正をしているらしい

どのような対応を取ったらよいのでしょうか？

というような、労務・人材活性化の問題にすぐに答えが出せるでしょうか？

ものづくり補助金に関することが設備をいかに動かすかという命題ならば出来て

も、今回は相手が心を持った人なのでその管理技術はより上位レベルなのかもしれません。

労務管理の対応にも定石があります。これも勉強しなければ身につきません。

モラールアップには、テクニックとセンスが必要です。

モラール管理のうまい経営者というのは確かにいます。

しかし、学習して策を施すことにより、改善はできます。

まず、モラールアップ策の第一番は、モラールを低めることをしないということです。

トップが自社の社員の能力の低さを嘆いてしまうというのは、よく見られることです。

これが、最も社員のやる気をなくす行為です。

経営者は、日々、モラールアップにつながることとは何かということを考え続け実践していかないと、一朝一夕には成しえないということを自覚すべきです。

社内全体を常に見渡して、策を施すべきです。

ありがちな光景として、社員のうち、業績の良いものにレベルを合わせ、モラールアップ策がなされるケースで、成績下位者は参加できていないというケースがあります。

業績評価ならまだしも、トップに気に入られているかどうかだけで、全ての評価が決まってしまう会社は特に要注意です。

ここで、会社内で業績の最下位者はリストラで、会社を去るべきなのでしょうか？筆者はその論を取りません。その人が会社の負の部分を請け負っているのです。

例えば、このケース、会社でお荷物とされていた社員が、ハラスメントにあい、離職すると、病根が取れたわけではなく、新たな問題児が組織内で現れるのが一般的です。

優秀な管理者ほどこの間違った思考に嵌りがちです。

しかし、そのような、ハラスメントのある職場というのは、その会社にとっての顧客が見た場合に不快に映ります。

モラール管理の達人と呼ばれる人はこの理屈が良く分かっておられる方です。だから、そのような人の管理する職場に行くと「食堂のおばさん」までもが愛想が良いものです。

全体のモラールが上がってついていけない人が自分から退職を申し出るという職場にすべきです。

そして戦略は細部に宿ります。

モラール管理についていいますと、統一した思想で表彰制度・朝礼・忘年会・社内福利厚生などを通じて、策を施していくということです。（Ｃｈｅｃｋ５　独自性のある福利厚生をしているか？を参照）

３．シンプルな労務管理原則は「相手の気持ちになって」

ここでは、その人の立場に立って真剣に考えてみるということを解説します。

これは、後に解説するハラスメント対策にも共通します。

新卒は複数連年採用しないとだめになります。

職場に年齢の近い者がいないとそれは寂しいものです。

ここに中小企業でこのことに気が付いた社長がいたとします。

20人の会社で、社員は全員中途採用、中高年の会社です。

これでは次はないと危機感を持った社長は新卒採用を試みました。

しかも、複数人を連年で採用しました。

古い人は、席がなくなったと感じたのか、退職しました。結局この現象が都度起こり、社員が全員若手に入れ替わりました。

これで、まず、会社経営は経営継続できたのでしょうか？継続できたのです。

それ程、高年齢者の技術力というのは曖昧なものなのです。

次に売り上げはどうなったのでしょうか？

結局売り上げは変わりませんでした。

これは、中小企業の売り上げというのは社長の顔で作っているということを示しています。

しかし、若手中心で今は成り立っており、空気は一新しています。

社長長の決断は正しかったのです。

そのポイントは社員の気持ちで考えるということでした。

取引先からは「珍しく明日のある会社」として売上にも反映しつつあります。

第２章　５つのチェックの視点

１．調査法と調査項目について

（１）調査方法

２つの方法があります。

・社内の人がどういう意見を持っているのか？（これは、言葉を変えれば噂話として どういうこと言っているのか？）

・就業規則などの規程がどうなっているのか？

覆面調査員の「覆面性」を発揮するのは前者です。

ほとんど、社長がアンテナを張るだけで分かりますが、Ｃｈｅｃｋ２のハラスメント項目などは特命社員に命じて探らせた方がいい項目もあります。

これは、本書では、社内で囁かれている言葉として説明しています。

（2）調査項目

調査項目については、以下の5つです。

Check1　最新労働法規を守っているか？

Check2　ハラスメントがないか？

Check3　成果を測る評価方法を持っているか？

Check4　無駄な仕事の仕方をしていないか？

Check5　独自性のある福利厚生をしているか？

これが今の労務管理のポイントです。

この5という数字にも意味があります。

・多すぎる目標は関心持って追いかけられない。

・1つのことを施策とするとその裏側も抑えねばならない。

これで2×2＝4で、あとひとつは独自項目です。

1と2と3と4がその対応項目で、5が独自項目です。

その他の箇所でも本書では「5」という数字を意識しています。

ではCheck1より始めましょう！

２．Ｃｈｅｃｋ１　最新労働法規を守っているか？

（１）調査方法

・社内の噂の調査

ここでは、社内で、このような言葉が囁かれていないかの調査をします。

前項で説明しましたように、殆どは社長自らアンテナを張るだけで耳に入ってきます。例えば、

＊この会社は法律守っていないので損している。
＊――社はちゃんと＊＊＊をしている。
　これがもっと進むと
＊この会社は最低賃金守っていない。
＊年次有給休暇もろくにとれない。
＊ちゃんと超過勤務手当がついていない。（休日出勤手当の場合も）

・形式調査

これはダイレクトに実際に施策を行っているか？就業規則に最新の法律改正が反映されているか？で見ます。

付録に就業規則記入例を示します。

（2）背景

なぜ、最新法規に合わせていくことが重要なのでしょうか？

労働基準監督署に目を付けられるからでしょうか？それが主目的ではありません。法律が変わるということは、社会課題がどうにもならないとこまで来ているからです。よって対応していかないと、社員にとっては社会のニーズに合わせていく姿勢が希薄だとがっかりさせる効果があるのです。

次の視点としては、会社のステークスホルダーの中で、次にその会社に入ろうとしている人に対して、「ちゃんとそういうことにも対応しているよ」という姿勢を見せる必要があるからです。

その会社の社員満足度が将来入社してこようという人にも伝わるからです。

（３）Ｃｈｅｃｋ項目

結果、今回の法律的なチェック事項は、以下の６点としました。
①時間外労働の上限と割増賃金の改訂
②ハラスメントの相談体制設置の法制化
③育児・介護休業法改訂
④年次有給休暇の法定消化
⑤高年齢雇用安定法改訂
⑥その他の検証事項

就業規則を改定して置いた方がいい項目は、具体的に解説しています。


それぞれの具体的対策に入る前に重要なことは社員を集めての教育です。

ここをうまくできたならば80％は達成です。

なぜならばこのような、改定は労働条件を向上させるもので、従業員有利になるからです。

よって、社長が制度を説明して心からそのようにしてくれと言えば、社員は喜んでやるのです。

その際の業務の調整というのは社員がやってくれます。

この辺りは自社社員を信じるべきです。

調整がうまく出来ない場合は、会社としての交通整理が必要になりますが、これは成し遂げていく上でのそれほど高いハードルではありません。

多くの場合、中小企業の社長が忙しすぎて労働法規改定がしっかりと頭に入っていないためにまだ全く対応していないために起こる渋滞現象なのです。

その場合、概要を先に理解して、社会保険労務士などの専門家に委託する手もありますが、自ら運用するのに難しい話ではありません。

では、近年の法改正を具体的に見ていきましょう。

①時間外労働の上限と割増賃金の改訂

１）Ｃｈｅｃｋ事項

２０２２年４月に中小企業も対応が必要になりました。

当時、「働き方改革」の柱の施策とされました。

・時間数上限の設定

臨時的な特別の事情があって労使が合意する場合でも、

・時間外労働　・・・年７２０時間以内

・時間外労働＋休日労働　・・・月１００時間未満、２～６か月平均80時間以内

とする必要があります。

原則である月45時間を超えることができるのは、年６か月までです。

法違反の有無は「所定外労働時間」ではなく、「法定外労働時間」の超過時間で判断されます。

・大企業への施行は２０１９年４月ですが、中小企業への適用は１年猶予され２０２０年４月となります。

・割増賃金の率の改訂

法定労働時間（1週40時間、1日8時間）を超える時間外労働（法定時間外労働）については、2割5分以上の割増賃金を支払いますが、1カ月60時間を超える法定時間外労働に対しては、5割以上の率で計算した割増賃金を支払わなければなりません（一定規模の中小企業は、２０２３年3月31日まで適用が猶予されます）。

上限の設定の反映されるのは就業規則ではなく、労使協定です。

この超過勤務に関する協定は36協定と言われ、有効期間が1年ですので、毎年労働基準監督署に届け出る必要があります。

協定時間数がこれを越していたら違法ということです。

割増賃金の率の改訂は就業規則の賃金規定で月に60時間以上場合の改定率を規程に入れておいた方がベターです。（付録の就業規則事例に参考あり）

2）解説

まず、この時間数を見てみましょう。

年７２０時間以内・月１００時間未満・2～6か月平均80時間以内

割増賃金の率の改訂　1カ月60時間を超える部分

と通常の中小企業は該当しません。いわゆるブラックと言われる事業所への歯止め策なのです。

まずは、しっかりと年1回の36協定が結べているかをチェックしてください。

割増比率改訂について給与ソフトの改訂は必須です。

(超過勤務削減対策も重要ですので、後半のＣｈｅｃｋ４　無駄な仕事の仕方をしていないか？で改善策を説明します)。

②ハラスメントの相談体制設置の法制化

1）Ｃｈｅｃｋ事項

２０２２年６月からセクハラ・パワハラの苦情の管理義務が法制化して是正しなさいとなっています。

手順としては

・苦情受付体制を作り
・関係者に事情聴取して
・改善措置を講じます

改善措置としては、一番目が苦情窓口の明確化と教育です。

受付担当設置や改善措置として配置転換は、小さな会社ではやりようがありません。

そういう事情もあり、受付機関は外注化も認められています。（顧問の社会保険労務士は、使用者側からの委託を既に受けているという認識より、中立性に反する懸念がありますので避けた方が良いとされています）。

また、加害者の方には懲戒の措置が必要ですが、これも小さな会社では、困難が伴うでしょう。

それより一番困るのは加害者が社長という場合です。

この場合は、被害者は会社を飛び越して、労働基準監督署に行くしかなくなります。

この改善措置については、Ｃｈｅｃｋ項目としてＣｈｅｃｋ２にハラスメントがないか?という項がありますのでそちらで詳述します。

会社内でのハラスメントに当たらないカスタマーハラスメントで悩んでいる従業員も多いという問題が顕在化していますが、それも後に詳述します。

２）解説

この法改正は２０２０年６月１日施行されました。

（大企業は２０２０年６月以降）中小企業については、２０２２年４月までの間は、努力義務とされていましたが、２０２２年４月以降は中小企業についても設置が義務化されました。

現在、未設置の企業は、設置しないと法律違反になりますので、必ず対応する必要があります。

本来は「ハラスメント予防規程」などで、規定化すべきですが、作成できている事業所はまだ極僅かです。

③育児・介護休業法改訂

１）Ｃｈｅｃｋ事項

２０２２年には２回にわたり休暇を取りやすくする改定がありました。

（１）２０２２年４月からの改正点

・雇用環境整備、個別周知・意向確認措置が事業主の義務になりました

・妊娠、出産についての申し出をした労働者（本人または配偶者）に対する個別の周知・意向確認措置

・有期雇用労働者の育児・介護休業取得要件が緩和されました

この改正は、出産・育児などで労働者が離職することを防ぐこと、男女ともに希望に応じて仕事や育児を両立するために柔軟に休業ができる状態をつくることなどを主旨としています。

◆事業主の義務化（環境整備や周知、意向確認について）

雇用環境整備とは、育児休業を取得しやすいよう研修や相談窓口を設置するなどの措置をすることとです。具体的には複数の選択肢からいずれかを選択して措置することとなります。個別周知の方法については、面談での制度説明や書面による制度情報提供など複数の選択肢からいずれかを選択して措置することになります。

◆有期雇用労働者の育児・介護休業取得について

たとえば育児休業の場合、改正前は以下の２点を満たす必要がありました。

１）引き続き雇用された期間が１年以上

２）子が１歳６ヶ月までの間に契約が満了することが明らかでない

4月1日からは　1）の要件が撤廃され　2）のみになりました。つまり、無期雇用で働いている人と同様の扱いが求められることになります。（※ただし、労使協定の締結により　1）を定めている場合は除外可）

（2）2022年10月　改正点

・出生直後の時期に柔軟に育児休業を取得できるようになりました
・育児休業を分割して取得できるようになりました
それぞれ具体的に補足します。

◆出生直後の育児休業取得

特に男性の育児休業取得を促進するため、出生直後の育児休業の柔軟な枠組みが制度化されました。

育児・介護休業法改正

※1．職場環境の整備などについて、今回の改正で義務付けられる内容を上回る取り組みの実施を労使協定で定めている場合は1か月前までとすることができます。

※２．具体的な手続きの流れは以下①～③の通りです。なお、就業可能日などの上限（休業期間中の労働日・所定労働時間の半分）を厚生労働省令で定める予定です。新制度についても育児休業給付の対象となります。
①労働者が就業してもよい場合は事業主にその条件を申出
②事業主は、労働者が申し出た条件の範囲内で候補日・時間を提示
③労働者が同意した範囲で就業

◆育児休業の分割取得について

改正前は、育児休業は原則分割取得できず、１歳を過ぎてから育休を延長する場合の育休開始日は１歳、１歳半の時点に限定されていました。

改正後は、分割して２回までの取得が可能になり、１歳以降に延長する場合は育休開始日を柔軟に設定することが可能です。

2）解説

・国の支援策を活用しようとすると、育児休暇取得に余っている有給休暇を利用してはなりません。これが矛盾している点です。

・多くの小規模事業者は、育児・介護休業規定そのものを作成していません。急遽対応すべき項目です。

技術的には、その時点での厚生労働省のモデル規程を活用してその後の改正に対応していけばいいのですが、代替人員をどうするかなど根の深い問題があります。

④年次有給休暇の法定消化

1）Ｃｈｅｃｋ事項

〈２０１９年４月より〉

年次有給休暇が10日以上付与される労働者が対象です。

使用者は、労働者ごとに、年次有給休暇を付与した日（基準日）から１年以内に５日について、取得時季を指定して年次有給休暇を取得させなければなりません。

●法定の年次有給休暇付与日数が10日以上の労働者に限ります。
●対象労働者には管理監督者や有期雇用労働者も含まれます。

事業の運営上、使用者の時季指定は可能ですが、使用者は、時季指定に当たっては、労働者の意見を聴取しなければなりません。

また、できる限り労働者の希望に沿った取得時季になるよう、聴取した意見を尊重するよう努めなければなりません。

既に5日以上の年次有給休暇を請求・取得している労働者に対しては、使用者による時季指定をする必要はなく、また、することもできません。

2）解説

この改訂は、労働日数としての働き方改革の柱として打ち出されましたが、トーンダウンしてしまいました。

労働基準監督署の検査なども行われた形跡はありません。

なぜでしょう？

施行後に、まさにコロナ禍が襲って状況が一変してしまったからです。

仕事がなく、雇用調整に入っている事業所に有給休暇をとれていますかとチェックに入るのはナンセンスという言うことです。

しかし、遵法精神のある事業所はしっかり対応していることも申し添えておきます。

今後は、しっかりと法定消化をしていきましょう。

・管理ツールへの反映
就業規則に10日以上保有日以上余裕者の者の5日取得を明記しておいた方がいいでしょう。

これにより、年次有給休暇の取得の個人別管理表が必要になります。

これは冷静に考えると当然です。誰が何日消化しているのか分からなければ助言もできません。

⑤高年齢雇用安定法改訂

１）Ｃｈｅｃｋ事項

２０１９年４月に高年齢雇用安定法が改定されました。

（１）70歳までの　定年の引上げ

（２）定年制　の廃止

（３）70歳までの継続雇用制度（再雇用制度・勤務延長制度）の導入

（特殊関係事業主に加えて、他の事業主によるものを含む）

（４）70歳まで継続的に業務委託契約を締結する制度の導入

（５）70歳まで継続的に以下の事業に従事できる制度の導入

ａ．事業主が自ら実施する社会貢献事業

ｂ．事業主が委託、出資（資金提供）等する団体が行う社会貢献事業

のいずれかの措置を講ずるよう努めることとされています。

2）解説

これは、努力義務です。定年年齢なしの場合は、はっきり明記すべきです。

通常は努力義務から一定期間をもって、法制化されるのですが、70歳への定年延長は法制化はなされないでしょう。年金の支給年齢の繰り延べの裏返しの施策として、国としては法制化したいのですが、60歳代後半というと労働体力がかなり低下するので、労災事故の危険性があるからです。

この改正より先に、２００６年に高年齢雇用安定法改訂では、65歳までの継続雇用措置がなされました。

これは、退職年齢ではなく、嘱託契約でもよいので、「希望者全員」を継続雇用するというものです。（定年年齢としては、法定は現在、60歳以上です）。

この高年齢者の定めはしっかりと規定化すべきですが、一般的中小企業では、その年齢まで勤められるかというと現実感の薄いものになります。

辞める時に一定の退職金が渡せるようにするという配慮の方が必要と思われます。

能力のある人、退職のある人とそうでない人の複数の働き方パターンを作る必要性があります。

⑥その他の検証事項

以下、３点は５大項目には、漏れましたが、重要なことであり、当然意識しておくべきことです。

１）最低賃金

近年10月に毎年改定されます。就業規則明記は必須ではありませんが、明記すれば意識付けの効果はあります。

２）有期契約者の更新回数

平成24年改訂で、有期契約者の雇用の継続は５年を超えて、切り替えの更新が出来なくなりました。

この最低賃金の改訂と有期契約者の更新回数制限については、就業規則に明記されていなくても順守されていれば良いことなのですが、あえて、従業員向け意識付けのために書いておくことも一考です。

3）情報の取り扱い

最後に補足として、（個人）情報の問題を解説しておきます。

これは、近年の法律改正ではありませんが、非常に重要なことです。

ここで、個人を（）にしたのは、対事業所サービスの会社の場合は、対象は会社情報になりその取扱いも重要だからです。

２００３年に個人情報保護法が施行されその当時は、意識面でかなり上向いていたのですが、近年トーンダウンしている気がします。

しかし、大企業も含めて、情報流出の不祥事件は後を絶ちません。

ここで、貴社の就業規則に情報媒体の取り扱い法、管理法、置き場所が明記されているでしょうか？（就業規則の懲戒のところでも結構です）。

抽象的な表現ではダメなのです。社員が持ち出して落とした場合に、無過失を主張されるからです。特にコロナ以後はリモート流行りです。

重要な情報の入ったＵＳＢをネットカフェに差し忘れてきたというのは良くあることなのです。

具体的に決めましょう、その際に、リモートワークをする際に、その情報がないと進まないのかの検討が必要になります。

事業所は退職者分はなるべく情報を返還するように勧めています。（法令の保存年限は守らないといけませんが）

４．改善のポイント（Ｃｈｅｃｋ１　最新労働法規　共通）

改善法はシンプルです。
就業規則の必要箇所を改訂し、それを教育して、運用で実態を合わせることです。
運用が大切というのは第３章以降も何度も説明で出てきます。

3．Ｃｈｅｃｋ２　ハラスメントがないか？

1．調査事項

（1）社内の噂の調査

この項目に限り、自由な発言が許されないようになっているかもしれません。要するに代表者の目に触れにくい状況になっているかもしれませんので、調査をしてくれる調査員（スパイ？）が必要かもしれません。

（2）形式調査

このいじめ行為は表面上の数字には関係しないと思われますか？それは、違います。業績は停滞します。

しかし、その相関は深く聞かないと分かりにくい場合も多く、末期症状になると

「Aさんが、急に休んでいる」
「Bさんの業績が急に落ちている」など、仕事が手についていないためにアクシデントが耳に入ってきます。

２．何が問題か？

なぜ、このＣｈｅｃｋが必要かという、改善するための動機部分を解説します。セクハラ・パワハラ・カスハラの定義部分は次項に譲ります。（通常の労務管理本では、セクハラ・パワハラまでですが本書ではより従業員の悩みの深いカスハラまでをカバーします）。

これが、発生している会社は、職場の見える化が出来ていないということになります。

この問題の質から見て、「あえて見ないようにしている」のかもしれません。

その意味で、陰湿な職場ムードになります。

このような、職場では体制には手を付けず、規則だけ強化しようというケースもありますが、それでは、解決せず、学校のいじめ問題とブラック校則のように状況はより深刻になります。その意味では、この項目はＣｈｅｃｋ１の最新労働法規を守っているかの対応項目であり、職場の内容面でも良くならないといけないのです。

また、この見える化できていない職場は不正事件も起こしやすくなります。

理由は言わずもがなです。では、定義から復習しましょう。

3. 改善のポイント

（1）ハラスメントの定義

①パワーハラスメント・セクシュアルハラスメント共通

改正労働施策総合推進法　第30条の2で、職場において行われる優越的な関係を背景とした言動であって、業務上必要かつ相当な範囲を超えたものによりその雇用する労働者の就業環境が害されることがハラスメントであり、被害を受けた労働者からの相談に応じ、適切に対応するために必要な体制の整備その他の雇用管理上必要な措置を講じなければならないこととされました。

ここでは、「職場での優越的な関係を背景として」というのが重要であって、雇用関係がベースにない場合は該当しません。

②パワーハラスメントの類型化

パワーハラスメントに該当する行為は6つの行為類型にまとめています（ただし、これだけをパワハラだと限定しているわけではありません）。

・身体的な攻撃
・精神的な攻撃
・人間関係からの切り離し
・過大な要求
・過小な要求
・個の侵害

③セクシュアルハラスメントの定義

セクシュアルハラスメントの定義は

1）職場において、労働者の意に反する性的な言動が行われ、それを拒否したり抵抗したりすることによって解雇、降格、減給などの不利益を受けること

2）性的な言動が行われることで職場の環境が不快なものとなったため、労働者の能力の発揮に重大な悪影響が生じること

の2つです。

④カスタマーハラスメントの定義

「カスタマーハラスメント」とは、顧客や消費者からの度を超えた、または悪質なクレーム・要求のことです。

カスタマーハラスメントは次に紹介する通り、さまざまな類型がありますが、どれも「顧客や消費者の立場を利用して過度・不当な要求を行う」点で共通しています。

カスタマーハラスメントには複数のパターンがあります。

以下いずれかの特徴に当てはまった場合は、カスタマーハラスメントと判断してよいでしょう。

優位的地位の乱用

（顧客や消費者として優遇を求める言動）

・「俺は客だ」「お客様は神様だぞ！」「お金を払っているのだからやって当然」「他の店は・・・」「対応次第では今後を考える」などの発言

・形としては、不買運動や値引きや法外なサービスを要求する。

・社会通念上相当の範囲を超える対応の強要・コンプライアンス違反の強要をして

くる。

・暴行・傷害・強要・恐喝・脅迫・不退去・器物破損・威力・偽計業務妨害・名誉棄損などの刑法違反に及ぶ場合も（対応は後述します）。

・一方的に（虚偽も含めて）主張を繰り返すのがクレーマー行為では一般的

職務妨害行為

（就業環境または業務推進阻害行為）

・長時間にわたる担当者の拘束やその場で解決できない事象への即時対応、正当性のない担当者の交代、義務なき文書の提出を要求

・他業務実施の妨害（刑法違反）

担当者の尊厳を傷つける行為

（人格否定・意思決定権の侵害）

・個人的な攻撃、責任追及

（賠償・補償要求）

・個人情報をさらすなどと脅す。無許可で撮影や録音をする。

・人格・尊厳を傷つける行為の強要（セクハラ・性的自由の侵害）
・職場・通勤経路・自宅での待ち伏せをはじめとした恐怖を与える行為
・嫌がらせ行為

改善のポイントはパワーハラスメント・セクシュアルハラスメンとカスタマーハラスメントでは多少違います。（共通事項はあります）。

共通事項は相談体制を作るということです。

その相談体制を広報する・教育するというのも共通です。

（2）相談体制確立
以下厚生労働省のガイドをベースに手順を紹介します。

①相談対応の前提
1）秘密が守られること、不利益な扱いを受けないこと
2）ヒアリング時は事情聴取に専念
まずは、相談者の話を聴くことが必要。
3）共感を示しつつ次の事実関係を聴きとる

・相談者がいつ誰からどのようなハラスメントを受けたと主張しているのか
・ハラスメントに至る経緯
・相談者と加害者とされる従業員との関係
・相談者は被害を受けた後に加害者に対してどのような対応をしたか
・相談者はハラスメントについて上司らへの相談
・ハラスメントについての目撃者の有無の確認
・メールなどでハラスメントを確認できるものが残っているか

②相談体制の流れ

1）相談窓口で相談者からのヒアリングをする
・事実関係の調査を行う
・関係者（加害者）からのヒアリングをする
・加害者と相談者の間のメールやＬＩＮＥのやりとりを確認する
・第３者（目撃者など）からのヒアリングをする
・言い分が食い違う場合は再度双方からヒアリングをする
・ハラスメントの有無について会社で判断をする

ハラスメントの類型は定義を参照

2）対応策を検討する

ここで、対応策は社内教育をする、該当者の配置転換（懲戒処分含む）を考えるなどになります。しかし、ここが小規模事業者にとって今後の課題です。

また、前述の通り、使用者（特に代表者であった場合）が加害者であった場合にどうするか？そもそもそのような会社で相談を持ち出せるか？など課題があります。

3）相談者、加害者への説明

会社の調査結果と会社の考え方や対応策の説明

懲戒処分、指導、人事異動などの実施

4）相談者への経緯と顛末の報告

5）会社としての再発防止策の実施

③周知徹底業務の流れ

（1）設置の周知

設置時は、トップが朝礼などで、従業員全員にハラスメント相談窓口の設置を伝え、積極的な利用を促すことが必要です。

あわせて、相談内容について秘密が厳守されること、相談したことにより不利益な取り扱いを受けることがないことの２点もメッセージとして伝えることが重要です。

（2）設置後の広報

設置時の周知だけでは、窓口の存在自体が忘れられてしまうことにもなりかねません。

ハラスメント相談窓口について、設置後も折に触れて積極的に周知していくことが必要です。

（3）設置後の周知方法の例

ハラスメント防止研修を定期的に行い、相談窓口を周知する

自社開催が難しい場合は、研修派遣や専門家委託を行う。

相談窓口の利用件数などを毎年、社内に周知する
社内報等に掲載する
いつでも目につく場所にポスターを掲示する
などです。
この関係の事件の新聞記事など回覧するのも効果的です

④就業規則についての確認事項
ハラスメント相談窓口を就業規則に記載することは必須ではありませんが、就業規則においてハラスメントを行ってはならないこと、ハラスメントが懲戒事由になることを定めておくことが求められています。

相談窓口を作るなら規程化・広報しないと社員には分かりません。

⑤相談窓口の外部委託が必要なケース
厚生労働省のパワハラ防止指針では、「相談窓口の担当者が、相談に対し、その内容や状況に応じ適切に対応できるようにすること。」が求められています。

そのため、相談窓口を社内にも設置しつつ、社外にも外部委託する企業が増えて

います。

同じ厚生労働省の企業向けのアンケートでは、予防・解決の課題として、

・「パワーハラスメントかどうかの判断が難しい」70・9%
・「対応する際のプライバシーの確保が難しい」26・7%
・「適正な処罰・対処の目安がわからない」20・6%
・「社内に対応するための適切な人材がいない／不足している」19・1%

となっています。

また解答枝にはありませんが、「取り組んでも案件が発生するかどうか分からないという意味で真剣に取り組めない」というケースもあるようです。しかし、これはハラスメントが情報として埋もれているケースもありますので真剣に取り組むべきです。

このような企業側のノウハウの問題点を解決するためにも、社外窓口への外部委託も許されています。

（4）カスタマーハラスメントの対応ノウハウ

①定義の復習

今回対策としてその定義のところから説明します。その部分が対策に大きく関わるからです。相談体制を作るというところはパワハラ・セクハラと同じですが対応方法が少し変わります。

「カスタマーハラスメント」とは、顧客や消費者からの度を超えた、または悪質なクレーム・要求のことです。略称で「カスハラ」と呼ばれることもあります。

カスタマーハラスメントは次に紹介する通り、さまざまな類型がありますが、どれも「顧客や消費者の立場を利用して過度・不当な要求を行う」点で共通しています。

社員ベースで見ますと、セクハラ・パワハラより、カスハラは件数は落ちますが、これは、社内で渉外に関する部門は限られてきますので理解して貰えるでしょう。

ここで気つかねばいけないことは、これを放っておくと、顧客と接する部門とそうでない部門の社内不公平感が大きくなるということです。

営業は大変という共通の意識は以前よりありましたが、もう被害者は我慢ならないところまで来ているのです。

ここで、是非、抑えて欲しいことはパワハラ・セクハラは「雇用における優越関係を背景にしている」ところです。

よってそのパワー関係にない人からの行為は、これに該当しません。

そこで、現在深刻な問題になってきていることは、雇用関係にない人からのハラスメントで、それは、顧客（カスタマー）です。

データを見るとこちらの方で悩んでいる社員の方が深刻なのです。

まずこの社内で見える化をしないと一部の社員に苦痛を押しつけてしまう現象が起こります。

雇用関係と言うフィルターがない分、制御できないという難しさがあります。

ここで今までのパラダイムシフトを転換することの重要性を申し上げます。

経済成長期に何が信じられていたかというとお客様の言うことは１００％正しいということでした。

これは正しい一面と正しくない一面があります。

一般的ユーザー（消費者）の満足度向上のために何をすれば良いのかという点から考えると正しいのですが、そのお客様の中にクレーマーが含まれているという昨今の事情を考えると正しいものではありません。

経営戦略においても「利他精神」というのが、経営者には受けます。それが、戦後の松下幸之助から稲盛氏へ続く、大きな柱であり、そう信じていれば、未来は明るいと経営者は信じたいのです。

ここを一定数のクレーマーがいると考え直さないと、この時代はうまく機能しません。なぜなら、クレーマーは「そうあらねばならない」というサービス提供側の心理につけこんでくるからです。

②カスハラ問題の法的背景

カスタマーハラスメントは、分かりやすく言えば、サービス提供者と消費者のミスのシーソーゲームです。

サービス提供側のミスから分析します。

①サービスが不十分であったこと
②①が原因で（因果関係）
③相手側又はその関係者・所有物に何らかの損害が生じた
　という③まで揃った時に法的根拠のあるクレームとなりますが、③は、実損という「物を壊してしまった」というレベルのものが認められるのであって、「期待利益」や「遺失利益」はほとんどのケースで認められません。

　これは、最近散見される、ネット上での通信不全・送金不全の例を見ても、サービス提供の企業が期待利益まで補償しましたでしょうか？そこまで、責任を負わすのは酷だということと、こうあるはずだったという立証自体が難しいという理由があります。

　クレーマーの要求はそのレベルになることがほとんどです。

　クレーマー行為の類型
　これはマスコミの報道でご存じでしょう？
・繰り返し同じことを言う。
・事実の確認に応じない

・新たな要望を付加する
・繰り返し呼びつける
・大声で威嚇する
・担当者変更を要求する

この行為がエスカレートすると法律的に見て顧客側もグレーからブラックなゾーンに入ります。ここからは、警察への相談も交えて、企業側として断固とした態度を取るべきです。

クレーマー行為の犯罪類型
・弁償しないと＊＊＊するぞ　恐喝罪
・サインするまで帰さないなど　強要罪
・退去しない　不退去罪
・大声を出して運営を妨げる　業務妨害罪
・SNSなどにあることないこと書き込む　名誉棄損罪・侮辱罪・偽計業務妨害罪
(虚偽のことを書かれた場合)
債権の支払い督促は民事ですが、これらの類型は刑事になり、所管は警察署になります。

③覚えておくと良いフレーズ

・「ご迷惑をおかけして申し訳ございません。」という言葉は当方のミスを全面的に認めたということではありません。怒っていることに対する謝罪で日本の慣習なのです。

・「責任者を出せ」というのは拒絶しても構いません。これに応じるとクレーマーは一から同じ主張を興奮して繰り返すだけなので、より不利になることが多く、責任者は私ですと対応しても構いません。

・「恐ろしいのでこれ以上の対応は致しかねます」というのは前記の犯罪類型にまで及びそうになった時は身を守るための言葉です。このように対応しても構いません。（というか、総てに応じているとまさに危険です）。

④カスタマーハラスメント総合的対策

1）まずは、起こっている事件をタブー化しないで、オープンにして、該当の担当者に組織で対応することを明示することで、労務管理面ではかなり良化します。

これを放置するのはある種のハラスメントになってしまいます。

2）ここからは、事件をいかに解決するかのノウハウになり、相手側との交渉も入ってきます。

3）相手側の行為を記録する。会話を録音する場合には、それをことわってからしないと、証拠能力がない場合もあります。

4）警察への相談、届けを辞さないこと。事件の解決までは長引くことを組織として覚悟すること。（これは、相手側も弁護士をつける場合があり、前述の通り、実損分以外は請求訴訟に乗らないケースが多く、民事裁判訴訟ができないため、逆に長引くのです）。

5）会社で統一した行動をとるための判断のスキーム作りをして、今後にも備えること。

6）現在、損害保険会社のクレーム保険もありますが、これも相手側に与えた実損外部分しか補償されません。

この総合的対策より以下にこの問題の対応が重要であるか分るでしょうし、ハラスメント全体の解決につながるノウハウであるかも想像がつくと思います。

4．Check3　成果を測る評価方法を持っているか？

1．調査方法

（1）社内の噂の調査

社内でこういう愚痴をよく聞く。

> 「私は業務成果を正しく評価されていない」
> 「あの人は、1日遊んでいて同じ給料貰っている」
> などです。

ここで、注意しなくてはならないのは、決して、給与を上げて欲しいということではないケースが多いということです。自分だけ労働で損したくないという心理なのです。（本書でも、この前提で説明します）。

（2）形式調査

これは、能力評価規程があるか？それが給与・賞与・退職金・昇給・昇格に反映されているか？ということなので、社長自ら分かるでしょう。

時に、賞与で業務成果を反映させているケースもありますが、その評価の仕組みが公開されていない場合は、評価の仕組みがあるとは言えません。

2．何が問題か？

まず、評価の仕組みがないということは社員がどっちに向かって走ればいいのかが明示されていない状況なので、そのパワーが分散して、もったいないということです。

この労務管理の項の最初に述べましたが、この評価システムがなくても労務管理の技術が優れていて、社内が生き生きしている会社はあります。

しかし、これは、使用者の能力によるところが大きく、その人（使用者）が去れば、無に帰することになりますので仕組みを作ることは意味があるのです。

これから紹介する評価の要素は時代とともに変わると思ってください。

そこで、考え方、評価スキームの作り方を中心に会得してください。

この評価の仕組みがない会社は中小企業では多いのですが、通常、しっかりとした評価の仕組みが欲しいという社員はまじめな若手を中心に３分の１、それをして欲しくないという社員は古手を中心に３分の１（だが、意外と声が大きい）、風見鶏派、様子見派、中立派？が残りの３分の１という構成になります。

このような、社員構成で評価システムを作れるかは、社長が自信をもって制度制定を説明できるかということになります。

その際、１００％完璧な評価システムはありません。常に改善すると打ち上げることが不可欠になります。声が大きい３分の１の反対派がもっとも仕事のできない場合が多いというのも定番です。

３．評価システム構築のポイント

（１）考え方

良くある勘違いとして会社の目標数値をすべて個人の行動・指標に落とし込みそ

れをノルマ化して推進すれば、個人の業績と会社業績が連動してうまく行くのではという考え方です。

これは、ロジックでは成り立っても結果は良くなりません。

まずは、数字のみを追うようになります。

いわゆる点取り虫の状態です。また、時代の変化による評価法の変化にも対応が遅くなります。いったん決めると評価法の改定も大変になるからです。

本章では労務管理のツールとして、評価方法と研修方法を解説しますが、ポイントは経営戦略と労務管理をいかに整合させるかと言うことです。

そして項目を絞ってアクセントをつけましょう。

以下の説明をじっくり読めば経営戦略がブレイクダウンされていることが分かると思います。その経営戦略を決めるのは御社自身です。

（2）会社目標のクロス

貴社ではどのように、単位別の目標を、策定しているでしょうか？

単位別とは、各支店・各個人です。

意外に多いのが、目標を割り振っていないというケースです。

次に多いのが
・算定のベースなく、適当に決めているというものです。
この２つのケースでは、マインドは盛り上がりませんし、指導する際にも、依るべき根拠となるものがありません。

最後に決めているパターンでは顧客数や能力等級など単一の要素連動で決めてしまっているパターンです。

では、モラール管理と結びつけて目標をブレイクダウンしていくにはどのようにしたら良いのでしょうか？


これが正解ということではありませんが、ひとつの手法を紹介します。

１０，０００の目標を割り振る場合の合理的な方法です。

例えば、分配する要素を
・基礎割り　・既存先割り　・新規先割り・能力割り
とします。算定の際のデータは
・既存先割りではその会社の既存顧客数を比率にして単位別に配分します。
・新規先割りでは、その会社の担当エリアの世帯数調査を行い担当別に比率にして配分というものです。

・能力割りは各人の能力を入れますが、能力階層をポイント化すると合理的です。

この3つのウエイトに基礎割りを加え決めます。

例えば、次の表では、基礎割：既存先割：未取引先割り：能力割＝2700：5000：300：2000としています。

要するに10，000個のリンゴをいかに色分けしていくかということです。

ここで、新規先の裾野を広げるという意味合いから新規開拓にウエイトを置きがちですが、マーケティング理論の王道は、既存先で、深耕を深めてファンを増やしていくということです。

このような決め方をすると、目標面接の際にも「君は（支店は）基礎ベースとして一人○件、能力割として、○件、既存先から○件、新規先で○件」という指導の際のガイドラインとなる考え方を明示することがで

（単位：件）

要素4 能力指数 F	能力指数割 G＝Fの構成比 ×20	政策調整 H	合計 A＋C＋E +G+H
3	375		1,122
1	125		1,032
1	125		751
3	375		1,274
1	125	−100	1,534
2	250	100	983
1	125		1,273
3	375		1,310
1	125		721
16	2,000	0	10,000

きます。これこそが、モラール管理です。

ケーススタディでは
・１０，０００の目標をある支店で担当者９人に割り振ろうとしています。
・ウエイトは基本割２．７：既存先割５：新規先割０．３：能力割２の重みつけをしております。
・政策的に２名目標調整しています。
・Ｂのデータは担当者ごとの既存取引軒数、Ｄは担当エリアの軒数、Ｆの能力指数を事前に入力しています。
・Ｆの能力指数の数値は能力評価ポイントです。
(能力等級の場合も)
平行展開できる既存先数を多く持っている
担当エリアに未取引軒数を多く持っている
ほど高い目標となります。

	要素1 基本割 A	要素2 経常客数 B	経常客数割 C＝Bの構成比 ×5，000	要素3 エリア未取引 軒数D	エリア未取引 軒数割E＝Dの 構成比×300
安藤圭太	300	21	405	30	42
椎村浩二	300	30	579	20	28
西村卓也	300	14	270	40	56
小林伸	300	30	579	14	20
大村昭雄	300	56	1,081	20	28
松田淳一	300	21	405	20	28
本田正臣	300	41	792	40	56
小森寛治	300	32	618	12	17
吉崎公也	300	14	270	18	25
合計	2,700	259	5,000	214	300

ここでは、１０，０００の目標配分を決めるのに１０，０００の配分シミュレーションをしましたが、１１，０００の配分でシミュレーションしてから個人面談するというテクニックがあります。

個人面談では担当者は「泣きの場」になりやすく１，０００は政策調整で下げるために管理者側がバッファとして持っておくのです。

目標をブレイクダウンしていない、算定のベースなく適当に決めているケースが多いと最初に述べましたが、中には、単一要素で割り振っている会社があったかもしれません。

その手法で配分すると、必ず、不満が膨らんでいきます。

・能力評価階層が高い↓その評価された人が高齢化している。
・既存先を多く持たされている↓前担当者が取りつくしている
・担当させられている地区の軒数が多い↓マンションで営業時間は不在率が高いなどひとつの要素の中には逆の要素が内在するからです。今回紹介した手法は、要素をミックスして、単一要素で決めることの矛盾を薄める手法です。

（3）評価スキーム

まず、この制度設計に入る前に、他の角度から話をします。

最近、オピニオンリーダーになりつつある神田昌典さんが、「数年後には会社がなくなる」と言っています。

これは、コスト的に成り立たないと言う視点は、とりあえず、おいておいて社員の活性化と言う面から見ると、以前は、先輩からの指導の中に、成功体験を伝えていくと言う要素が常にあり、意味がありましたが、昨今の経営環境の激変の時代では先輩がその成功体験を持っていないと言うことがあります。そこで、力のある人は社会起業家として会社を飛び出してしまうということです。

私はこの論には半分だけ賛成します。先輩に成功体験がないと言うのはそのまま賛同しますが、これから新卒として、採用する若手は、仕事のやり方、進め方自体は全く知らず、やはり一から教えていかないと、まったく理解していないと思うからです。

その意味では、会社機能は残ると思っていますし、戦略と絡めて実戦誘導して行けば、若い人のパワーは、捨てたものではありません。

では、評価スキームの作り方です。

ケーススタデイでは、５本程度の評価にしています。

５本の経営戦略ということについて説明します。

２×２＋１を想定しています。

ここでなぜ、掛け算なのかというと施策を1本打てば、その裏を抑えることが必要だからです。

代表的な組み合わせで言うならば
・契約高増強と回収率
・商品の打ち出しと顧客ＣＳ（満足度調査）などです。
これらはトレードオフ（相反）の関係にありますので、仕事の粗さをもうひとつの評価要素で予防するのです。

では、なぜ1を足すのかというとこれは企業のＣＲＳ（社会貢献活動）などのリターンを求めない項目を想定しており、ＣＲＳ事業はトレードオフ関係になく、コストとリターンで言うと企業側にとっては、コストが出ていくだけのものなのです。

具体的にはセキュリテイ対策やクレーム対応もこれです。

しかし、やるならば、これに専任をつけるくらいのことをやらないとダメな時代です。

コストが出ていくだけと言いましたが、しっかりやれば、信用と言う意味で間接的・長期的にはリターンとして戻ってきます。

この戦略を決める際にはどのようなことに注意したら良いのでしょうか？

以下の2点です。
①キャシュフローを稼ぐこと（CRS項目除く）
②全社一体となって、力を集中できること
①は、ランニングすれば、始めからキャシュフローで黒字が出る形を考えてください。
このような評価制度にすれば、会社がどの方向に進もうとしているのかが、社員全員が理解できるすっきりした形になります。


次に、評価策定のスキーム作りです。

ここでも、5つの項目を重視する順にウエイト付けしてください。

次の表では、遂行目標1から順に20：15：30：20：15としました。

社長が得点を微調整する政策点欄を作っても結構です。

（これは、評価の合理性に反するようですが、どのような制度を作っても社長は自分の評価を入れたいと思うものだからです）。

1項目につき5段階くらいでマトリックスを作ってください。

一般職も管理職も評価要素は同じでその求めるレベルを評価マトリックスの内容で差をつけてください。

評価の方法を改めたら、後の給与号俸への当てはめなどはテキスト通りでも出来るでしょう。まず、評価スキームを作ります。

評価構成

評価ナンバー	項目	調査法		
遂行目標1	主力製品A拡販件数	販売件数	20	トレードオフ関係
遂行目標2	CS(顧客満足度)調査	ユーザーのアンケート調査	15	
遂行目標3	B製品での新規獲得件数	新規獲得件数	30	トレードオフ関係
遂行目標4	B製品での契約額回収率	回収率	20	
遂行目標5	コンプライアンス順守	実務＋検査	15	
	社長の評価	-20～+20		
		合計	100%	

評価マトリックス１

遂行項目1	新商品A契約件数

点	0	2	4	6	8	10
評価	1件以下	2件以上	4件以上	8件以上	16件以上	20件以上

評価マトリックス２

遂行項目5	セキュリテイ順守度合い

点	0	2	4	6	8	10
評価	出来ていない	劣る	やや劣る	普通	かなり出来てい	指導レベル

Aさんの下半期評価

評価ナンバー	項目	調査法	評点	ウエイト付け修正
遂行目標1	主力製品A拡販件数	販売件数	6	12
遂行目標2	CS(顧客満足度)調査	ユーザーのアンケート調査	8	12
遂行目標3	B製品での新規獲得件数	新規獲得件数	4	12
遂行目標4	B製品での契約額回収率	回収率	10	20
遂行目標5	コンプライアンス順守	実務＋検査	8	12
	社長の評価	-20～+20		
		合計	36	68

次に、得点で刻んだ評価マトリックスを作ってください。

推進項目は同じでも、社内階級が高くなるほど、「チームでの業績」「指導技術」などマトリックスの内容を変化させてください。

評価マトリックスは数字で結果が出るのがベストですが推進項目によっては、計数でつかまえられないケースが出てきますので、参考例のように工夫してください。

1項目を自主設定目標とする会社もあります。

総合表に纏めて行きます。

これを賞与・昇給・昇格評価に連動させていくのですが、評価した各従業員との面談は必ず、行ってください。

そこで、

・今回評価

・次回評価点の目標

を納得できるまで話し合って下さい。

５．Ｃｈｅｃｋ４　生産性を落とすようなことをしていないか？

１．調査方法

（１）社内の噂の調査

この項目も深く潜んでいるので、日中の職場では囁かれないのかもしれません。
この課題が最も出るのは業務終了後の「居酒屋」です。

> よく出る言葉は
> 「――が無駄な仕事だ」
> 「――は何のためにやっているのかわからない」などです。

（２）形式調査

ここでは、社員の１日の動きを冷静に無駄なことをしていないか見てみましょう。
この際に無駄とは？
それが、「御社の業務ミッションを遂行するための業務なのか？」ということです。次項で直間比率の問題で説明します。

また、ひとつの業務を最短時間で出来るように工夫をしているか?ということです。

2.何が問題か?

(1) Ｃｈｅｃｋしなければいけない理由
これは、体系としては、Ｃｈｅｃｋ３の成果を測る評価方法を持っているか?と相対をなす項目になっています。

社員はともすれば、数字を上げるためにとんでもない方法を使います。その内容面を抑えるということになります。よって、タイトルも生産性を上げるではなく、生産性を落とすようなことをしていないか?になっています。

経営者は評価スキームを作り個人目標設定する中で、体育会系精神で、「がんばろう」という一方で、合理化精神で冷静にそのプロセスを管理していかねばならないのです。

生産性向上の効果は何でしょう?
以下の効果を目的とすべきです。
これが出来ている会社とそうでない会社は全く外部から見るとスピード感が違います。

生産性向上の目的は
生産性が向上する
派生効果として
現場作業者まで改善体質が身に付く
生産性向上による余剰人員が営業などに廻せる
組織が活性化し、社内コミュニケーションが改善されると重要なことばかりです。

(2) 生産性指標とは
ここで、生産性とは何でしょう?生産性とは、計算式で説明すると
生産性指標＝(営業利益①＋人件費②＋減価償却費③)÷従業員数④

となります。

＊）ここでは分子に入る租税公課と賃借料は省略します。

この公式がくせ者です。

いったんコストとして引いて①営業利益を出した後で、②人件費と③減価償却費を戻しているのです。

（これは、人件費アップと設備投資を図って欲しいという国策が入っています）。

よくある勘違いとして②人件費③減価償却費を微増させていけば、その分、生産性指標は伸びるのではないかという見方です。

これは、②人件費③減価償却費はコスト項目ですので、その他の変数が同じならば①の営業利益がそれだけ低下することになります。

営業利益をプラスにすることが大前提です。

（3）2タイプある中小企業

次に、中小企業には、真に時短が必要なAタイプと、顧客サービスと連動しているBタイプがあります。

Ａタイプ　業務量（生産量）が所定労働時間以上にあり１工程当たりの労働時間を削減することにより、そのキャパシティを上げることで利益の向上が、ダイレクトに可能な会社の場合は、「１工程当たりの労働時間を削減する」ことに専念する。

Ｂタイプ　業務量が、顧客のオーダーにより左右されるサービス業務が中心の会社で、１工程当たりの労働時間を削減することは、サービスの低下を招く危険性がある。

ここで中小企業は経済がサービス化していて対個人であっても事業所サービスであっても顧客オーダーに応える形ですのでほとんどがＢタイプです。

Ｂタイプは、それほど超過勤務はしていません。

いわゆるブラックな企業というのはＡタイプに属します。

ここで、残業削減の働き方改革の法律や生産性指標の考え方はＡタイプに照準をあてて作られています。

一般的な中小企業にとって働き方改革の施策の分からなさはここに原因があります。

加えて言うならば、多くの助成金もＡタイプ向けです。

ここで、Ｂタイプの中小企業は
・労働時間は同じ
・稼働日数も同じ
で、より多くの利益を出すことに専念すればいいのです。それが生産性指標の向上につながります。利益が出れば、給与も上げられます。

それには、業務プロセスの内容を上げることです。

（4）直間比率の問題

直間比率問題があります。

直接業務、間接業務とは何でしょうか？

直接業務とは御社の製品・サービスを形作る行為です。

そのために間接的に行わなければいけない業務を間接業務と言います。

すこし抽象的ですが、部室で言えば、総務部や業績の管理部門は間接部門です。

近年の傾向として、会社理念は顧客奉仕としながらも、顧客と接点のない間接部門ウエイトが増しているのです。

補助金申請業務なども間接業務です。

ここで、直接業務ウエイトを増やすために、間接業務を外注化する考え方がありますが、それは有償ですので、直接業務をより利益体質にすることを同時に考えねばなりません。

最後に、根深い問題があります。顧客の要望に曝されるのは直接部門ですので、クレーマーの相手をしたくないという心理から、自分は間接部門にいたいというケースがあるのです。

そこで、ｃｈｅｃｋ２で説明した通り本書では「お客様は神様ではなく、教育すべき対象」というスタンスをとっているのです。

この問題も含めて次項は

・考え方を根本的に改める
・直間比率の見直しをするめる
・直間比率の問題
・生産工程とボトルネックの問題
・フレキシブルな労働体制
・生産性向上の工夫

というインデックスで手法を説明します。

3. 改善のポイント

（1） 考え方を根本的に改める

まずは、社内に無駄なこと（意味のないあるいは、意味の薄い仕事）はしないという合理化精神を作ることです。

ここで、従来の賃金体系は、ある程度の超過勤務手当が生活費の補填になっているような会社は、その賃金体系から改める必要があります。

ここは避けて通れないところで、人はやはり「衣食足りて礼節を知る」です。

無駄な業務は一気に洗い出して見直すべきです。その際に次項の製品・サービス提供の直接業務であるか、間接業務であるかも決断のための重要な要素です。

新入生当時、私は中年の女性を先輩として、事務処理を教えられました。

その時に、単純に伝票をめくりながら認印を押していく作業をしていた時に「あなたこの作業を30年間やり続けたら10年間くらいは棒に振るわね」と言われました。

これは、伝票位置と朱肉の位置が離れていたということを示すのですが、気付かせる言葉として洒落ていると思いませんか？

（２）直間比率の見直しをする

作業は製品・サービス提供に関係する直接業務と、それに関係しない間接業務に分けられます。

直接業務も主体作業と、付随作業に分けられます。

もっとも意味のあるのは直接業務の主体業務です。

しかし、近年、この比率が落ちて、仕事が間接化しているのです。

ありがちな傾向として、社是は「顧客への奉仕」であるのに、社員の仕事が顧客と接点がないということです。

中には、この業務を外注化しているケースもあります。

外注化するなら、より間接的な部門からです。

業務の比率で考えると直接業務の比率が７割以上であるべきです。

そして、直接業務の中でも主体作業の比率を上げていくべきです。

（３）生産工程とボトルネックの問題

次のような流れ図で全ての業務の見直しを図ります。

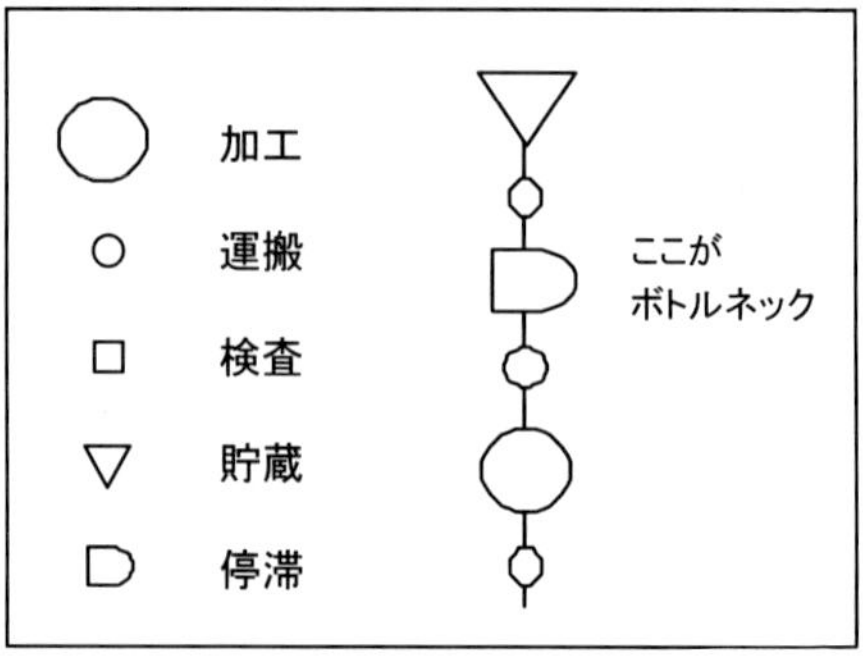

そこで、

・無駄な工程はないか？

・時間をとっているところ（ボトルネック）はどこかを明らかにすることが必要です。

ボトルネックとは工数が最もかかっている工程、あるいは回りの社員の待ち時間が発生している行程です。このボトルネックはもっとも会社の技術が溜まっている工程の可能性もあります。

ボトルネックの前後の工程の作業を合わせて最短時間で終わらせるのが王道です。それを発展させたのがトヨタのカンバン方式です。

もうひとつの手法のＶＡとはバリューアナリシスの略語で、同じ機能を持ちながらコストを落とす方法をとることです。

ＶＡ手法でやり方を変えてしまうのは、付加価値を落とすケースもあり両刃の刃です。（銀行窓口業務のＡＴＭへのシフトは銀行からの客離れを起こしています）。

（4）フレキシブルな労働体制

これは、労働時間帯の方を工夫する考え方です。

・みなし労働時間制
・変形労働時間制［清算期間での平均で週40時間以内にするように調整すること］
・シフト勤務時間制
・時差出勤制

使用者が勘違いしがちなのは変形労働時間制をとるとより長時間働かせることが出来るのはないかという誤解ですが、現在の労働はいかに変形しようと均せば、週40時間を超えることは出来ず、1日8時間労働ととらえると週休2日制の労働体制なのです。フレックス体制は、会社の一体感から相反します。

顧客サービスの無理を聞くと労働時間は必ず、増加しますので、顧客を教育・誘導してメリハリのある労働時間体制とすべきです。

（5）生産性向上の工夫

以下のようなものがありますが、皆さまも考えてみてください。

・終礼1時間前等、予鈴を鳴らす
・付き合い残業をなくす
・会社で内での終業後雑談などは控える
・上司も時間短縮、退社時間を守る

６．Ｃｈｅｃｋ５　独自の福利厚生を持っているか？

１．調査事項

（１）社内の噂の調査

代表的なものは「今の若い人は飲みに連れて行っても喜ばない」という声を社内でよく聞くというケースです。

（２）形式調査

この項目は社長として、自社が飲み会などをしているかどうかということなので分かるでしょう。

コロナ期に全て止めてしまったという事業所も多くあります。

2. 何が問題か？

改善のポイントで述べますが、この福利厚生行事というのは業務の進捗という面から見ると全く逆行することです。

しかし、会社の従業員は、その態度に出す以上に会社の福利厚生の努力に恩義を感じているものです。

これは、今の若い世代でも同じです。

これは、そこに人の意志を感じるからであり、社員化すれば、それで（自動的に）愛社精神を持つという考えは間違いです。

逆に言えば、社員化していない外注グループでも、うまく、チームワークを発揮しているケースがあります。それはどういう場合かというと、十分に儲かっていて、それなりのリターンがあるということで恩義に感じるということです。

その点では、人は現金なもので、従業員も給与が高ければ何も言わないということが言えるのかもしれません。

しかし、なかなか、儲かりにくい世の中では、会社の一体感を出すために、それなりの努力をしないといけません。

もしかすると、この先も儲からずに、雇用を継続しているという社会貢献のみに終わるのかもしれません。

直接雇用を続ける場合は、社長は、それでもいいと覚悟を持つべきです。（実際そのように思っている社長も多いのでしょう）。

3．改善のポイント

ここでいう、福利厚生とは、法定外のものです。

極論すれば、法定外の福利厚生とは皆で無駄なことをするということです。生産性向上の視点から言うと逆行するということです。

なぜ無駄かと言うと仕事をしていた方が進むからです。

しかし、社内の意思統一のもと無駄なことをするから一体感が出てくるのです・無駄と言っても工夫すればコスト面では大きなものにはならず、主に時間コストです。

しかし、ここをうまく工夫すれば、社外関係者やこれから入社しようという人へのアピールにもなります。

福利厚生とは企業文化を作るもので、仕事の進捗からは逆行するものです。しかし、この企業文化が力を持てば会社を前に進める推進力になります。労働者が何をベースに仕事をするかと言うとその企業文化がベースになる訳です。ここで言い変えましょう。「このような無駄なルートをたどりたくない。社員は100%仕事をしていればいいんだ」という会社は直接雇用ではなく、外注契約で組み立てていった方が合理性があります。

福利厚生とは、仕事オンリーの状態から個人と仕事を引き離す行事であり、かつ、愛社精神を育てるということです。

税制においては、福利厚生費として経費で落とせる部分が大きくなるように工夫すべきです。

社員はこのように経費を書けた福利厚生については、声に出さすとも感謝しているものです。

ここでは、3つのパターンを示します。

①飲み会などの一般的福利厚生行事
②運動会などの時間工数のかかる特殊な行事
③慰安旅行などの時間工数とコストのかかる行事

に分けて考えてみます。

①飲み会などの一般的福利厚生行事

次のようなバリエーションを考えてみましょう！

・勉強会とのセット企画にする
・若手の話を聞く場にする（企画自体を若手に任せる）

この場合は若手と指導役の先輩をセットにするのがいいと思います。

・勉強会とのセット企画にする。

これは、京都セラミックなので行われている手法でワンテーブル、ワンチームでひとつの課題の答えをディスカッションして、時間制限ありで答えを出します。

酒に酔ってしまう人は評価が落ちます。

若手は嫌なスタイルの宴会をするくらいならこのような方式の方が良いと思って

います。

・若手中心に企画を進める

福利厚生で完全に誤解しているのは、今の若いものは飲み会をしても喜ばないというものです。それは、御社の宴会が昔からのやり方だからです。

若手の望むような宴会スタイルでやれば、多くのものの感想は逆になり、いつまでもあそこでやった飲み会は楽しかったというものになり、恩義も感じるのです。

そのためには、まず、会社の上司の昔話・自慢話の場にしないことで、若手の方を主役するか、あるいは企画自体を任せてしまうことです。

先輩の自慢話を聞く場であるという従来の慣習が通用しなくなってきているのです。

その場ではなるべく仕事の悩みを聞くことに徹しましょう。

その悩みを聞くという行為が辛いのですが・・・

②運動会などの時間工数のかかる特殊な行事

想像はつくと思いますが、これは準備が大変ですので、覚悟をもって取り組むべきです。

ここで、大切な意識はこんなに時間をかけて準備をしたのだから大いに楽しもうと考えることです。

それは社長自らです。

これも企画は若手社員に委譲した方がいいでしょう。楽しむためにはゲーム性を取り入れるべきです。また、家族（特に子供）をご招待しましょう。

③慰安旅行などの時間工数とコストのかかる行事

一点重大な注意点があります。私は金融機関勤務を経験しましたが、利益を出していた時代には、この慰安旅行を経験しました。その際に必ず、仕事のセクションを２つに分けて、旅行を実施したのです。

これは、何か旅先でアクシデントがあった場合のリスク分散であり、この配慮を知った時、私は仕事の持つ社会的責任に重さに大いに感銘を受けました。そうすべきです。

第3章　労務監査の勧め

1．主旨

労務監査もＩＳＯシリーズのような一つの規格であると思っています。

ＩＳＯシリーズや個人情報保護規定と同じレベルということです。

主なメリットは以下の３点です。

①しっかりとした規格ができる

②ＰＤＣＡが回せる

③外部（ステークスホルダー）へのアピールができる

規格とは規程と規定があり、運用手順があり、どのような結果となったかの報告書があり、その事実をもとにレビューを行える。（レビューとは制度の見直しを話し合うこと）ということです。責任者・担当者も決まります。

ここで、規格を定めないとどうなるでしょうか？

例えば、ファミレスの店長が、本部からの指導により、店舗のクリンネス、特にトイレの清潔化を図ろうとしたと仮定しましょう。

パートさんは来る時間も様々です。

それ以前に誰の役割かが、不明です。

具体的な、定めなしで、きれいにしようという店長の掛け声だけでは進まないでしょう。

そこで、現実のファミレスのトイレで時に見かけるのは掃除・清掃チェックをした人がサインする管理表です。

顧客に見えるように貼ってあります。

まさに、規定があり、運用があり、報告書があり、それを持ってレビュー（反省）を行っているという分かりやすい事例です。

このような仕組みを労務管理の各ファクターに導入すべきなのです。

ここで、この労務監査のシステムを回す上での注意点を申し上げます。

それは、常にチェックリストを常に見直して、最新の労働法規や労務管理の潮流に合わせていくことです。

時をフイックスしてしまっては全く意味がないものになってしまいます。

2. 労務監査の範囲

労務監査の取り扱うフィールドを考えましょう。
言葉を変えるとどのような経営資源の分野になるのでしょう。
会社の運営を表す言葉に、人・もの・金を回すと言います。
このうち、もの（設備）と金は決算書に反映されます。
決算は、会計監査を通ります。
大きく見ると今回取り扱う労務監査は、それ以外の人に関わる分野すべてを示します。
（人においても、人件費のみは、決算書に反映されますので会計監査と重なります）。
会計監査＝定量部分
労務監査＝定性部分
と言うことが言えます。

３．監査業務のスキーム

規程のスキームは上位概念より

規程―規定―運用手順書―報告書

となります。

このスキーム全体を監査して、レビューすることになります。

監査業務というのは第３者としてのチェックの目を入れるところに意味があります。付録で就業規則の書式を示しています。

規程は、規定より大きな定めになります。

ベースとなる規程も時代の潮流や、法規と合っているかを常にチェックしないといけません。

４．労務監査項目として入れるべき視点

・労働法規をはじめとしてたリーガルチェック

労働法規を中心とした、各種の法規への対応です。

労働法規に関しては労働基準法だけではなく、周辺に労働者契約法などの重要な法規もあります。

同時進行で、法律改正も行われます。

時代の潮流を織り込めという話にもつながります。そのためにもレビュー時には一般社員にも加わって貰います。

労務監査の潮流は、大きな視点としてハラスメント問題について、シビアな時代になって来ています。

また、新卒の入社動機においては給与より、休日をどれほど確保できているかが大きな要素をしめると言われています。

時代の要請に基づいて国は法制化を行うということもありますので、これに沿っておいた方が良いと言うことになります。

また、基本的には

・ジェンダー平等

・同一労働同一賃金

などがトレンドになっていくと思われますので、この潮流に背く企業は生き残れない世の中になっていくでしょう。

ガバナンスの視点も重要です。

例えば、その会社は個人で自由にＳＮＳに意見を書き込むことが許されているのか？などです。

これは「会社のガバナンス」と「個人の自由」のトレードオフの問題となります。

最近、認められ始めた社員のサイドビジネスの問題も同じです。

会社として、これだけは守ろうというアクセントをつける意識が重要です。

その他で、リアルタイムで世の中の要請が出てきているのは

・ハラスメントの法律への適合（２０２２年４月より中小企業も要適応）
・時間管理の適正化（労働時間把握に押印のみや手書きはいずれ許されなくなります）
・育児・介護と職場の両立支援（２０２２年に育メンパパの制度改定）
・給与昇給・賞与支給条件の明確化
・年間休日数の確保（10日以上の人は5日の法定消化の必要性）

・パートの戦力化
などになるでしょう。


ここで、監査チェックリストの策定法として、3つの要素を説明します。

それは、
・法的基準クリアー（縦軸）
・施策同士の整合性（横軸）
・時間的経過での整合性（時間軸）
の3要素です。

次に、いかなる考え方で要素を決めていくか考え方を示します。

まず、労基法を中心とした主要な労働関連法律をいかに順守していくかをPDCAの中に組み入れていくのかを考えます。

これが縦軸です。

これは企業の順法精神より重要な要素なので多少縦軸は分厚くなります。

ただ、努力義務などすべて網羅するかというと膨大なものになりますので多少絞ります。

次に、横軸は施策同士の関連性であり、これは、相互に見て、おかしくないかを考えてみます。

最後は、時間軸として社員が入社から退社までの統一性・整合性を保つことを目的とします。

この３軸の中で、縦軸の法適合は、強制的にでも合わせていかねばならない要素です。

横軸としての施策ごとの整合性と、時間軸としての入社から退社までの移管要素は、管理職になる人、一般職に終わる人などの複数パターンで整合性を考えます。

次に項目の絞り方についての考え方は

まずは、会社の

・社是
・ビジョン
・戦略

等に基づいてアクセントをつけるべきです。

次にＣＦＳ（主成功要因）の考えによる簡潔性を目指します。

これは知的資産経営の策定における考え方です。

会社経営理念↓施策↓目標項目↓効果

そこにはロジックにおける因果関係があり、施策にはそれを測る要素があります。この因果関係を活用して最も効果を発揮する主成功要因をその項目として取り上げます。

効果の大きいところを狙って、その鍵になる要素（指標）のみを取り上げようという試みであり、合理性があります。

例えば、社内活性化のための福利厚生事業を考えるとするとまず、アクション項目自体から見直し絞るべきです。

総花的ではなくポイントを絞りＣＦＳの指標を立てることです。

多くの図書は、経営に関する全ての要素を棚卸した形になっています。

確かに、大企業ではこのような網羅式で実施しているのかもしれません。

その結果どういうことが起こるかというと期末での資料作りであり、それはＰＤ

CAを回すという実効性からは大きくずれてしまいます。

資料作りのための資料を作っているような形です。

なんでもやっていますのでは、逆に施策ごとの効果は薄れます。

5. 監査の独立性の必要性

会計監査では、上場企業でも、頻繁に不正事件が起ります。

この際に監査業務が正常に機能していたかという点で、この監査の独立性が問題となります。

まず、当たり前の真理として報酬を貰っていることへの配慮が出てしまいます。

忖度するという日本人特有の気持ちもあります。

また、これは、使用者側からのみバイアスがかかると思われるかもしれませんが、そんなことはなく、労働者側の方に肩入れしてしまうケースもあります。

ここでは、独立性を約束する覚書を交わすことを勧めます。

6．運用の仕方

では、労務監査はどのように行うのでしょうか？
まず、こうすると決めたら定めが要ります。
それが規程です。（規程が上位で、その下につくのが規定）
その規程があるかどうか？ですが、一度規程を作成したら完了になります。
これだけでは説明したようにダメです。
それを運用していかねばなりません。
そのために帳簿があります。この分野では労働帳簿と言われ、その中でも
・労働者名簿
・雇用条件通知書（労働契約書）
・出勤簿
・賃金台帳
が主要なものです。
これが、規程の主旨するところと合っているかというところを見ます。
帳簿同士でも、雇用条件通知書で決めている条件に賃金台帳が合っているか？（そ

の時に出勤簿も見ます）。
では、帳簿全体の整合性を見て、それで完了でしょうか？
これで、終わりではありません。
実態を見ないといけません。
帳簿全体に粉飾があれば、残業をつけさせないということもできるのです。
その際には、施錠された時間など、周辺の情報を見る場合もあります。
最終的には、労働者にヒアリングするというチェックの方法があります。
この実態調査は、労働法規の基本となる条項については深く監査すべきなのです。
労務監査チェック表は１０８ページに示しています。

7．労働３帳簿などとの整合性

労務管理周辺の帳簿の解説に移ります。（就業規則解説は本書の構成上、次の第6章になります。解説は少し脱線します。

ここ数年、コンサル会社や大手社労士法人で労働環境整備サービスというメニューが、推進されました。料金では、30万～40万というところでした。

謳い文句に、これを受けると助成金サービスが受けられるというのがついていました。

なぜ、このサービスが考え出されたかというと、助成金を申請したのはいいものの、その後の労働局との資料確認のやり取りがうまくいかず、不支給になり、トラブルにつながるというケースが散見されたのです。

売り出されたサービスのランニングはうまくいっていないところが、ほとんどで、現在は、サービスからの撤退が相次いでいます。

これから説明する支給申請と労働3帳簿などとの関係性を正すことがうまく行かなかったのだろうか？とも思いましたが、課題は別のところにありました。

この労働関係帳票の理屈は概してシンプルなものになります。

雇用条件通知書　雇用条件通知書とは、企業が労働者と雇用契約を結ぶ際に、労働者に向けて労働条件や待遇を明示するために交付する書類のことです。この労働条件通知書の交付は、労働基準法第15条第1項の「労働契約の締結時における条件の明示義務」にもとづくものです。

出勤簿　出勤簿は、労働基準法の第４章の趣旨に基づき、帳簿することによって、従業員の正確な労務管理を行うことが可能であり、法定三帳簿は事業所に常に備え付けが必要です。労働基準法の条文において、出勤簿の作成に関する明確な規定はありませんが、厚生労働省の通達で行なうべき対応が記述されています。

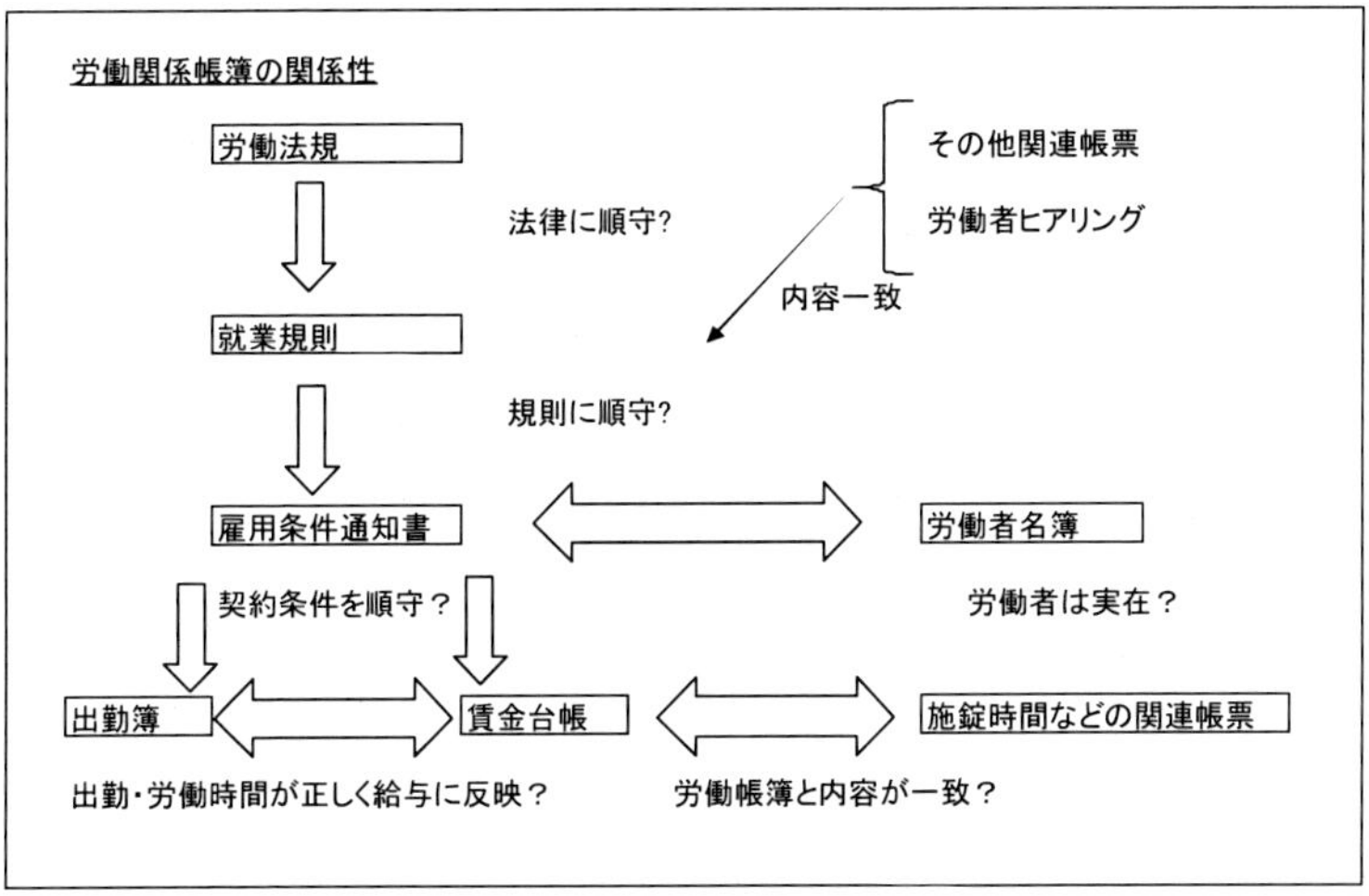

賃金台帳
従業員に対する給与の支払い状況を管理したものです。
労働基準法施行規則第54条により以下の記入が義務付けられています。
氏名・性別・賃金の計算期間・労働日数・労働時間数・時間外労働時間数・深夜労働時間数・休日労働時間数・基本給や手当の種類およびその額・控除項目とその額

この関係性を説明したのが前頁の下の図ですが、改めて説明するまでもない常識的なことです。

帳簿と運用のずれそうなところは、以下の諸点です。
・雇用保険・社会保険条件と照らし合わせて、（入社時から）控除されているか？
・振替休日制度での労働は代替休日が確保されているか？
・労働者名簿で退職者は、「退職済み」と明記して、現状の人員にリンクさせているか？（現在の社員数という質問に即座に答えられる会社は意外と少ないのです。嘘のような話ですが……）

労働環境監査では、これを項目ごとに整合性をみます。例えば、労働時間を例にとると、労働法規は週40時間以内→就業規則はそうなっているか？→雇用条件通知書、出勤簿は、賃金台帳はその通り運用されているか？それ以上は残業対応で、割増賃金がついているか？36協定を届出はできているか？ということで、これを有給休暇などでも繰り返していきます。

一連のサービスでは、これの監査結果をレポート化して、渡すわけですが、ここまでなら時間もコストもかかりません。

問題は、その後だと思います。

実際は、労働法規がうまく運用されていないのに、書面上の調整だけで、終わってしまっているゆえに様々なトラブルに見舞われているのだと思います。

運用面でのずれが未解消になっているということです。

労務監査チェック表の事例

管理ナンバー	分類	項目	調査事項	関連帳票	
1	目標	超過勤務・休日出勤の解消			
1-2	推進綱目	労働者の過労低減			
1-2-1	推進綱目	一人当たり残業50%低減			
1-2-2	監査事項	早期退社の励行	意味の浅い残業をしていないか？	勤務表、賃金台帳	□
1-2-3	監査事項	実質的労働時間の低減	持ち帰り残業の撲滅	ヒアリング	□
1-2-4	監査事項	実質的労働時間の低減2	サービス残業の撲滅	施錠時間表	□
1-2-5	監査事項	年次有給休暇の消化の推進	計画的推進出来ているか？	有給個人別管理表	□

2	目標	ハラスメント0宣言			
2-2	推進綱目	苦情相談体制の公表	相談体制の普及	公開状況、ポスター掲示	□
2-2-1	監査事項	埋もれている情報の解消	埋もれていないかの調査	受付記録とヒアリング	□
2-2-2	監査事項	改善指導ノウハウ	ノウハウのﾌｨｰﾄﾞﾊﾞｯｸ	受付記録の事後処理	□

3	目標	成果を測る評価方法確立			
3-2	推進綱目	評価綱目AとBの推進	主力商品A・Bのすそ野拡大	成果管理基準	
3-2-1	監査事項	評価項目Aの平均点5以上	会社全体目標の達成	成果仮基準達成表とヒアリング	□
3-2-2	監査事項	評価項目Aの内容向上	顧客満足度の向上	成果仮基準達成表とヒアリング	□
3-2-3	監査事項	評価項目Bの平均点5以上	会社全体目標の達成	成果仮基準達成表とヒアリング	□
3-2-4	監査事項	評価項目Bの内容向上	未収率の低下	成果仮基準達成表とヒアリング	□

4	目標	生産性向上			
4-2	推進項目	在庫切れなし宣言			
4-2-1	監査事項	月一回在庫調べの徹底	月初徹底	在庫有高帳・実地棚卸	□
4-2-2	監査事項	売れ筋商品情報の発掘	フイードバックできているか？	在庫有高帳・実地棚卸	□
4-2-3	監査事項	死蔵在庫の早めの処分	実地棚卸での調査	在庫有高帳・実地棚卸	□

5	目標	色のある福利厚生制度			
5-2	推進項目	春の慰安旅行実施	時期厳守	会社年間スケジュール	□
5-2-1	監査事項	企画内容の充実	楽しめる企画への工夫度合い	企画書・レビュー記録	□
5-2-2	監査事項	反省会の実施	不満箇所の洗い出しと改善	レビュー記録	□

8. 総括

本書の総括部分になりますが、制度と運用のズレの発生には2パターンあります。

①労働法規の無知

労働法規にそのようなルールがあるのを知らなかっただけというケースは比較的短時間に修正できます。学べばよいのです。

②経営の苦しさから発生したずれが生活習慣病のように張り付いている。

こちらの方が多いと思います。（①②複合も多くあります）。

例えば、週休2日としながら、そのうちの1日を振替休日と称して出勤させて、それが消化できずに溜まっているというケースがあります。

これは、形を変えた法違反です。これが表面化しなかったのは今まではいずれ独立させて貰えるという徒弟制度に近いものがあったからです。

これを解消しようと思うと、スタッフの増員を図らねばなりませんので、短時間にできるものではありません。

ここで、最近新聞紙上をにぎわしている雇用調整助成金の大型不正事件でも、宿泊業・運送業・飲食業などこのコロナ禍で、経営が苦しそうな業種ばかりです。

ここを書面上だけで指摘するだけなら、すぐにでもできるでしょう。

要するに外部から指摘するなら「企業戦略全体」から助言しないといけないのです。

具体的には、経済産業省補助金での設備投資は、設備投資採算性計算との整合性、厚生労働省助成金は、労務管理技術向上との整合性を図らねばなりません。

しかもこの2つは両軸なので相互に整合性が必要です。

それを統合するのが本来の企業戦略です。

近年の風潮は、このステップを無視して、本末転倒になっているのではないでしょうか？

このずれの解消を図らずに、支援策を申請すると、不正につながりやすいということです。これは次章でも解説します。

この本末転倒を解消しようという主旨でここ10年間出版を続けてきました。

しかし、こういうスタンスは戦略の王道過ぎて、なかなか、マスコミでは受けにくいのです。本末転倒の方が受けがいいのです。

最近、事業主にとっての不正への誘惑は多々あり、そのような、場面も時に見るのですが、その時に事業主説得用に使うのがこのゲーム理論です。

経営がゲームならば、審判がみていないことを理由にゲームのルールを破って試合に勝ってもそれは勝ったことにはならないということです。

ちなみに、ここでのゲーム評価はいかに現金をより多く残すかであって利益額ではありません。コロナ禍が経営は生き残りゲームであることを教えてくれました。ルール違反を指摘されたときにそのルールを知らなかったからというのも許されません。

確かに勝ちにくいルールになってきているのは否定しません。

特に重いカードは消費税と社会保険料です。本書ではこの話はこれ以上書きません。次の出版に譲ります。

第４章　労務管理と支援策

１．支援策活用総論

ここでは、支援策の主旨を説明します。

これを外すと、効果が出ないどころか「不正行為」と言われ補助金・助成金の返還、罰金、企業名公表となるのです。

例えば、近年の不正事件で、マスコミを賑わしているのは雇用調整助成金での不正で実際は休業していないのに、そのように偽って請求するというものです。

この支援策の主旨を理解するということは、言葉を変えると主旨を本末転倒するなということを示しますが、意識しておかないと誤解させる宣伝が多いのです。(不正と分かっていても経営が苦しいのでやってしまったという確信犯も多くいます)。

まず、補助金・助成金の通則を説明します。

・投資行為は計画申請の採択と言う決定行為があってから後に行います。

投資を先にしてしまうと認められません。（最近、事業再構築補助金で一部、事前着手行為として認められる例外がありましたが、これはコロナ対策の緊急性を考慮したものです）。

・設備投資は、１００％補助というものはなく、自己資金分での投資割合を持ち、事業主もリスクを負う形になっています。

よって、効果が全く出なかった場合、キャッシュフローとしてはマイナスになるということを示します。また、先に自己負担で先に全額投資してから支給申請して補助金・助成金として一部、助成して貰うというのも通則です。

２．支援策各論

（１）経済産業省　補助金

今後省庁の施策のクロスオーバーで賃金向上表明が、条件になるコースが増えてきます。

岸田総理の考え方がこれを加速させるでしょう。

現在では、ものづくり補助金がその代表です。この本旨は、ものづくり技術を上げるということです。

では、賃金向上条件のコースに応募するということについてどう考えたらいいのでしょうか？

賃金向上というのは、経営の視点から言うと、利益が増した際に可能になることです。

そこを先に条件で縛られるということは、経営の自由度をなくす危険性はあります。

ただし、賃金を上げることで、社員の士気が上がるという側面はあります。

どちらをとるかは経営者の判断にゆだねますが、補助金が欲しいが先でそのために賃金を上げるという順序は、戦略としての王道を外しています。

（2）厚生労働省　キャリアアップ助成金

キャリアアップ助成金の主旨とは、非正規社員から正社員にランクアップする際に、事業所に奨励金のような形で渡す助成金です。

まず、正社員・非正規社員にしっかりとした定義があり、それぞれの就業規則に載っていることが必要です。

これは、本人にも意識して貰わねばなりません。

２０２２年の改定で、キャリアアップ助成金を受けたければ、正社員規定は、賞与制度か、退職金制度のあることとされました。

これは助成金を餌にした賃金向上策です。

ここで、要注意は、

・ライフスタイルの問題として

・能力の問題として

それを望まない人が、多くいるということです。

また、キャリアアップ時点で、規程上、面接・試験をすると入れたらしっかりと実行してください。

その際、先の２点について問題ないのか確かめるべきです。

私は非正規・正規という言葉自体には反対しています。それはいわゆる非正規社員の方が、前線部隊で会社を支える主役である会社もあるからです。

以下全て厚生労働省施策です。

（3）人材確保―雇用管理制度

これは、制度導入という制度で、研修・評価制度・メンター制度・（法定に上乗せの）健康診断制度を新たに入れることで、助成金が支給されるものです。

新たに入れえるということは過去に制度としてないということですが、実際には過去やっていた（しかも、助成金も既に貰っていた）という不支給原因が多いのです。

いかに、意識なく実行しているかということです。この制度には労働環境改善以外に福利厚生的な意味合いもあります。

やるならば労使一体となって真剣にやるべきです。

総則で説明した通り、計画申請で認められてから規則編入します。

また、事業主都合で、実施時にやる人とやらない人の区別を設けてはなりません。

（4）人材開発―訓練系助成金

ここでは、有期社員の正社員化を図るための特別訓練の事例で説明します。

業務内容がものづくり系のしっかりとした、技術がある職種がもっとも当てはまります。

その場合、技術の養成を最短期間で行うべきで、昔風の「見て盗め」は若い人には受けませんし、時間効率が悪くなります。

そこで、出来たマニュアルや訓練日誌が、会社の資産になるような職種の場合は、非常に効果が出ます。（訓練日誌では学ぶ人が悩むポイントが分かります）。

そうではない場合は、社内訓練で行う場合、座学（OFFJT）実務訓練（OJT）の指導をする方の先輩社員の方も時間を取られます。

よくあるのは若い人（受講者）がその訓練カリキュラムを見た段階で目眩がしてやめてしまうというケースです。

その場合、適性が早く分ってよかったと思うべきです。

また、意外と当てはまらないのが、ネット系の最先端のことをやっている事業所です。（日々やり方までもが進化するからです）。

（5）業務改善助成金
業務改善助成金は、設備投資の助成に対して、事業所内の最低賃金者の賃金UPを条件にするというのが、特徴の助成金です。規程への編入は付録の書式に示しています。重要ポイントもその通り、その該当の労働者の労働行為がその投資で、改善されるというのがポイントです。

そのためにはビフォーアフターの違いがしっかりと描けていないといけません。

一般的に事業主は、省力化投資の設備投資に明るくありませんので、勉強が必要なのかもしれません。

（6）働き方改革支援助成金

働き方改革助成金とは、労使で計画を策定して時短（休日増加含む）に臨もうとする事業所に対して、その時短にまつわる投資を助成して、実際に時短を出来た事業所に目標達成の支給を行おうというものです。（投資で支援を受けるのは勤退管理などのソフト投資、指導を受けるコンサル費用も可能です）。


ここでの重要ポイントは言葉通りに「労使で一体となった姿を作れるか？」ということです。この裏返しが不正行為となり実際にやっていない労使委員会の議事録などが不正とされました。

（この中には労使の委員会とはどのようにやったらいいのか分からない会社もありました）。

（７）65歳超雇用推進助成金

これは、通常ならば雇用されにくい高齢者の就業場所を雇用継続という形で確保しようという国の誘導策で、社会保険料（年金の支給開始年齢の問題）の苦しさの裏返しの施策です。

ここで、注意せねばならないのは65歳を超えた段階での労働者の体力的・能力的個人差です。

定年の延長をするという強引な施策をとると、その年代での労災事故を国が誘導したことにもなりかねませんので、雇用推進という概念を使っています。

定年を挟んでの雇用契約という形でも、良いということです。

事業所側は、高年齢者の活用を機に複数線形計画を作る必要があります。

・同じ賃金で勤務継続して貰う人

・賃金と業務量を落として、雇用継続（嘱託契約など）する人

などのバリエーションにそれぞれの労働者のライフプランを加味します。

ここを考慮しないと、高年齢労働者は必ずしも定年延長は望みません。

賃金だけ落として、業務量は同じという使い得の精神は同一労働同一賃金に反します。

（8）両立支援助成金

この言葉の両立とは「職場」と「家庭」で、「育児」と「介護」を理由に職場を去らねばならないケースを減らそうというものです。

ここでのポイントは、国が作った手順の勉強で、助成金の支給の条件に意識の啓もうも含まれています。これこそ労使一体となって勉強しましょう。例えば復帰プランの作り方などです。

この両立支援制度は作ったはいいが、いまだに解決されない矛盾点があります。

それは

・小規模事業所は休まれると代替要員がいない。

・介護問題はその根本的課題が解決されておらず、国の介護制度に影響されるということで、特に助成金は介護の方は大きな改定がありません。介護問題の解消は絵の描きようがないのでしょう。

近年は男性の方の育児休業をパパ育休（育メンパパ）という愛称で広めようとしています。これが、男女機会均等に資するとしているようです。

これは大企業を中心に進みつつあります。

その事由での休みを有給休暇で取ってしまうのは考え方に反します。

おわりに

労務管理の向上も一朝一夕には成し遂げられない奥深い分野です。

ひとつひとつの課題が深い上に、世の中の変化で新たな課題が出てきます。

最も、直近で出てきているテーマは「ビジネスと人権」で、この言葉覚えておいてください。

来年どんどん出てきます。これは、ＳＤＧｓに変わる上位概念です。

製品として、そのガイドラインを守っていてもその企業（あるいはその国）に差別や人権侵害があれば不可という考えです。

このテーマは、国際的には中国はずしのように思われるかもしれませんが、（それもあるのかもしれませんが）いま最も、人権無視といわれているのはタイの水産業と言われています。この辺りは勉強しないとわからないところです。

この内容については、当社スタッフの石川高弘が共同執筆で「小さな会社はＳＤＧｓより先に〝人権問題〟に取り組みなさい！」という本を出しましたので是非参照ください。

御社がそこまで取り組むレベルになることを祈願しています。

前著で財務視点のコンテンツをそして今回、労務管理の視点でのコンテンツを書き尽くしました。

ただし残された大きな課題があります。

何をするかの戦略自体はまだ述べていません。

それは単一解がないからです。

あると思うのは幻想であり、仮にあると思えてもそこは多分混雑しています。

それはあなたが決めることです。いや既に少し考えておられるのかもしれません。

それを試行しましょう！


次回の２０２３年夏の新著は、その試行のひとつとしての海外戦略です。

内容はまさに試行であり、ロジックで説いてだから海外進出なんだという持っていき方は致しません。興味のある人だけに読んで欲しい内容です。

楽しい内容にしますので、しばらくお待ちください。


中小企業診断士・社会保険労務士・経営革新等支援機関　西河　豊

参考文献

厚生労働省　サイト全般
経済産業省・中小企業庁　サイト全般
岸田文雄公式サイト

付録　就業規則策定の考え方

１．就業規則作成のポイント

・労働法規上はパートも含め常時雇用者が
１０人以上は労働基準監督署届け
１０人未満は、その義務はなしですが、作った方が良いでしょう。

なぜかというと、それが、働き方の解説書であり、当初に交わした雇用条件通知書だけでは分からない部分があるからです。

・１０人以上は労働基準監督署届け
１０人未満は、作成日・改訂日を明らかにして全社員が見たという意味で、印を、閲覧の上、貰っておいてください。

これを支援策活用などで第三者に対して、立証するときは、その専用書式の申立書というものがあります。ここでは、書式は省略します。

・その際に、従業員代表の意見書を添付しておいてください。
これは､反対意見の場合も発生しますが､労働法規に反していない限り、使用者はその言い分を聞くかどうかは自由です。

（ただし、賃金を落とすなどは既存の条件からの不利益変更になりますので、慎重に行ってください）。

・掲載項目については以下の２種類があります。
絶対的必要記載事項
まさにいかにして働くかの基礎部分です。

絶対的必要記載事項

1. 労働日における始業と終業の時刻　2. 休憩時刻、休憩時間、その与え方　3. 休日となる日　4. 休暇（年次有給休暇、産前産後休暇、生理休暇、冠婚葬祭等の特別休暇など）5. シフト制を敷いている場合は、就業時転換に関する事項（交代期日、交代時刻、交代順序など）6. 賃金 1（決定方法、計算方法）、賃金の決定要素、賃金体系　7. 賃金 2（賃金の締め日、支払日、月給・週給・時給等の区分）　8. 昇給の時期、その条件　9. 解雇の事由を含む退職関連事項（退職手続き、解雇の理由、定年など）

相対的必要記載事項

これは、あれば、書くと覚えると分かりやすいと思います。賞与も退職金も現状はこちらです。

1. 退職手当（適用される労働者の範囲、計算要素、計算方法、一時金か年金かの支給方法と支給時期）2. 退職手当を除く一時金、臨時の手当　3. 最低賃金額　4. 食費・作業衣・作業用品などの負担　5. 安全及び衛生に関すること　6. 職業訓練（訓練の種類、時期、対象者、訓練中の処遇）6. 業務上及び通勤途上の災害補償、業務外の傷病に関すること　7. 表彰（表彰の種類、事由、手続き）　8. 制裁（制裁の種類、事由、手続き）9. 休職、出向、出張旅費など

次項に、就業規則のテンプレートと見方として、コメンタールをつけますが、項目立ては、労基法通り作ると、お定まりなので、未作成の事業所はそのまま、活用可能です。

2．就業規則の書式と解説（コメンタール）

就　業　規　則

第1章　　総　　　　則

（目　　的）

第1条　この規則は、株式会社＊＊＊＊（以下「会社」という）の秩序を維持し、業務の円滑な運営を期すため、社員の就業に関する労働条件及び服務規律を定めたものである。

2．この規則に定めていない事項は、労働基準法、その他の法令による。

（社員の定義）

第2条　社員とは、会社と雇用契約を締結した者のうち、パートタイマー及び嘱託を除いた者をいう。

2．社員とは、常に所定労働時間を就労できる者で、会社の目的遂行のために直接担当業務のみでなく、周辺業務を含めた職責を全うできうる立場の者をいう。

3．パートタイマー及び嘱託については別途定める雇用条件通知書による。

（規則遵守の義務）

第3条　会社はこの規則に基づく労働条件により社員に就業させる義務を負い、社員はこの規則を遵守する義務を負うと共に、相互に協力して当社の発展に努めなければならない。

（秘密保持）

第4条　社員は会社の業務ならびに社員の身上に関し、その職務上知り得た事項については、在職中はもちろん退職後もみだりに公表してはならない。

第１章 総 則（コメンタール）

この章で最も重要なのは社員の定義です。

就業規則というのは、本来、正社員に対して作られるものです。

このテンプレートは、正社員以外は、雇用条件通知書で条件を定めるという逃げ方をしていますが、可能な限り、その分類ごとに、パート就業規則など作るべきです。

それが、その職種分類の頼るべきルールになるからです。

（ここで、難しいのは、様々な、職種分類のある会社です）

第２章　　採　　　用

（採　　用）

第５条　会社は就職を希望する者の中より、面接試験に合格し、所定の手続きを経た者を社員として採用する。

２．社員は採用の際、会社が指定した日までに次の書類を提出しなければならない。

① 住民票記載事項証明書

② 源泉徴収票（暦年内に前職のある者のみ）

③ 年金手帳、雇用保険被保険者証（所持者のみ）

④ 個人番号カード表裏面の写し又は通知カードの写し及び当該通知カードに記載された事項がその者に係るものであることを証するものとして行政手続における特定の個人を識別するための番号

⑤ 履歴書

⑥ 資格証明書（＊＊＊免許など）

⑦ 身元保証書

⑧ その他会社が必要と認めたもの

３．在職中に上記提出書類の記載事項で氏名、現住所、家族の状況等に異動があった場合は速やかに所定の様式により会社に届け出なければならない。

４．会社は、本条第１項第４号において取得した社員及び社員の扶養家族の個人番号は、以下の目的で利用する。

① 雇用保険届出事務

② 健康保険・厚生年金保険届出事務

③ 国民年金第３号被保険者届出事務

④ 労働者災害補償保険法に基づく請求に関する事務

⑤ 給与所得・退職所得の源泉徴収票作成事務

５．会社は、上記利用目的に変更がある場合には、速やかに、本人に通知する。

６．社員の扶養家族が社会保険諸法令による被扶養者に該当する場合には利用目的の通知について別途定める。

７．社員は、会社の個人番号の提供の求め及び本人確認に協力しなければならない。協力しなかった場合に発生する不利益については本人が負うものとする。

８．提出書類に詐称があった場合は、採用を取り消す。

(試用期間)

第６条　新たに採用した者については採用の日から３か月間の試用期間を設ける。但し、特別の技能または経験を有する者には試用期間を設けないことがある。

２．試用期間中または試用期間満了の際、引き続き社員として勤務させることが不適当であると認められる者については、本採用は行わない。

３．試用期間は勤続年数に通算する。

第2章 採 用（コメンタール）

ここで、重要なことは、採用の流れと、就職に際して、提出する必要な情報を列記します。

特に重要なものは業務に当たるに際しての資格で、この虚偽申告は懲戒解雇にも値します。

預かる情報はなるべく少なめに、退職の際は速やかに返すというのが私の考えです。それは、重要な個人情報であるという点と、預かっても情報してはほとんどの会社が使っていないというのが理由です。

入社してから、あるいは、退職後の、守秘義務や競業忌避義務を制約する書類を提出させる事業所もあります。

試用期間は長くても６カ月以内に収めることが必要です。それ以上に長いと、正社員へ期待感が生まれて継続雇用しないときにトラブルになるからです。

第３章　異　動

（異　動）

第６条　業務の都合により必要がある場合は、社員に異動（配置転換、転勤、出向）を命じ、または、当務以外の業務を行わせることがある。正当な理由がない限り、これを拒むことはできない。

第3章 異 動（コメンタール）

これは、将来異動のある会社は、必ず記入し、採用面接の際に説明しておくべき事項です。

抜け落ちますと聞いていなかったとのトラブルが多く、使用者側が負ける形になります。

第４章　就業時間、休憩時間、休日及び休暇

（労働時間及び休憩時間）
第８条　労働時間は１週４０時間以内とする。
２．１日の労働時間は、午前＊＊時００分から午後＊＊時００分の間で実働８時間以内のシフト制とし、休憩時間は午後０時００分から午後１時００分までの１時間を原則とする。
３．業務の状況または季節により、就業時間及び休憩時間を繰り上げまた繰り下げ及び変更をすることがある。
４．出張及びその他、事業場外で勤務する場合において、労働時間を算定することが困難であるときは、第２項で定める労働時間を勤務したものとみなす。
５．第１項の対象期間は、１年間とし、その起算日は毎年１月１日とする。

（休　　日）
第９条　休日は以下のとおりとする。
会社カレンダーで定める日（別紙　省略）
２．業務上必要がある場合には、前項で定める休日を他の労働日と振替えることがある。

（時間外、休日及び深夜勤務）
第１０条　業務の都合で所定労働時間外、法定休日及び深夜（午後１０時から午前５時）に勤務させることがある。但し、法定労働時間外及び法定休日は、労働基準法第３６条に基づく協定の範囲内とする。
２．満１８歳未満の社員には原則として法定時間外労働、法定休日労働及び深夜労働はさせない。

（割増賃金を支払う場合）

第１１条　前条の規定により、法定を超えた時間外、深夜または法定休日に勤務をさせた場合は、第５０条（割増賃金）の定めるところにより割増賃金を支給する。

（適用除外）

第１２条　以下の各号のいずれかに該当するものについては、本章の定める労働時間、休憩及び休日に関する規則と異なる取扱いをする。

①　管理監督の職務にある者

②　行政官庁の許可を受けた監視または断続的勤務に従事する者

（出　　　張）

第１３条　業務の都合により必要がある場合は、出張を命ずることがある。社員は正当な理由がなければ、これを拒むことはできない。

（年次有給休暇）

第１４条　下表の勤続年数に応じ、所定労働日の８割以上を出勤した社員に対して以下の　表に掲げる年次有給休暇を付与する。

勤続年数	6月	1年 6月	2年 6月	3年 6月	4年 6月	5年 6月以上	6年 6月以上
年次有給休暇日数	10日	11日	12日	14日	16日	18日	20日

２．年次有給休暇は、特別の理由がない限り少なくとも１週間前までに、所定の様式により会社に届けなければならない。但し、業務の都合によりやむを得ない場合は、指定した日を変更することがある。

３．急病等で当日やむを得ず年次有給休暇を取る場合は、原則始業時刻の１５分前までに会社へ連絡をしなければならない。この場合、医師の診断書の提出を求めることがある。

4．第１項の出勤率の算定にあたっては、年次有給休暇、産前産後の休業の期間、育児休業期間、介護休業期間及び業務上の傷病による休業の期間は出勤したものとして取り扱う。
5．第２項の規定にかかわらず、社員の過半数を代表する者との書面協定により、各社員の有する年次有給休暇のうち５日を超える日数について、予め時季を指定して与えることがある。
6．年次有給休暇は次年度に限り繰り越すことができる。
7．年次有給休暇の消化は、当年度に発生したものから順次消化していくものとする。
8．第１項の年次有給休暇が１０日以上与えられた社員に対しては、付与日から１年以内に、当該社員の有する年次有給休暇日数のうち５日について、会社が社員の意見を聴取し、その意見を尊重した上で、あらかじめ時季を指定して取得させることがある。但し、社員が第１項または第５項の規定による年次有給休暇を取得した場合においては、当該取得した日数分を５日から控除するものとする。
9．年次有給休暇の日については、通常の賃金を支払うものとし、その日は通常の出勤をしたものとして取り扱う。

（特別休暇）

第１５条　社員が次に該当する場合､本人の請求により特別休暇を与える。この休暇を取る場合は、予め所定の様式により会社に届けなければならない。

①　妻が出産するとき　　２日

②　父母（養父母、継父母を含む）、配偶者、子（養子を含む）が死亡したとき　５日

③　祖父母、義父母、兄弟姉妹が死亡したとき　２日

④　女性社員が出産するとき　産前６週間（多胎妊娠の場合は、１４週間）産後８週間

⑤　生理日の就業が困難なとき　その必要な期間

２．特別休暇における賃金の取扱いは、前項④⑤号を無給とする。

（母性健康管理のための休暇等）

第１６条　妊娠中または出産後１年を経過しない女性社員から、所定労働時間内に母子保健法に基づく保健指導または健康診査を受けるために、通院休暇の請求があったときは、次の範囲で休暇を与える。但し、その時間に対する賃金は支給しない。

①　産前の場合

妊娠２３週まで……４週に１回

妊娠２４週から３５週まで……２週に１回

妊娠３６週から出産まで……１週に１回

但し、医師または助産婦（以下「医師等」という。）がこれと異なる指示をしたときには、その指示により必要な時間。

②　産後（１年以内）の場合

医師等の指示により必要な時間

２．妊娠中または出産後１年を経過しない女性社員から、保健指導または健康診査に基づき勤務時間等について医師等の指導を受けた旨申し出があった場合、次の措置を講ずることとする。

①　妊娠中の通勤緩和

通勤時の混雑を避けるよう指導された場合は、原則として１時間の勤務時間の短縮または１時間以内の時差出勤

②　妊娠中の休憩の特例

休憩時間について指導された場合は、適宜休憩時間の延長、休憩の回数の増加

③　妊娠中、出産後の諸症状に対する措置

妊娠中または出産後の諸症状の発生または発生のおそれがあるとして指導された場合は、その指導事項を守ることができるようにするため作

業の軽減、勤務時間の短縮

（子の看護休暇）
第１７条　育児・介護休業規定に定める。

（介護休暇）
第１８条　育児・介護休業規定に定める。

（育児時間）
第１９条　生後１年に達しない生児を育てる女性社員が予め申し出た場合は、所定休憩時間のほか、１日について２回、それぞれ３０分の育児時間請求することができる。但し、その時間に対する賃金は支給しない。

（育児休業及び育児短時間勤務）
第２０条　育児・介護休業規定に定める。

（介護休業及び介護短時間勤務）
第２１条　育児・介護休業規定に定める。

（公民権行使の時間）
第２２条　社員が勤務時間中に選挙その他公民としての権利を行使するため、予め申し出た場合は、それに必要な時間を与える。但し、その時間に対する賃金は支給しない。

第４章 就業時間、休憩時間、休日及び休暇（コメンタール）

ここでは、変形労働時間制にする場合も、まず、１週４０時間労働を基本に考えます。

変労働時間の場合、先の予定は出来ていないといけませんし、労働基準監督署への届が必要になります。

また、超過勤務・休日労働の可能性がある場合も、３６協定の届けが必要になります。有効期間が１年なので毎年、届け出義務があるということです。休日に労働が発生する場合は、代休日で対応するか、振り替え休日で対応するかの２パターンがありますが、振り替え休日の場合は、予め、その代替の休日の設定が必要になります。

それが、消化できずに累積しているような会社は法違反になります。

第１４条の年次有給休暇の比例的付与の表はパート就業規則のある会社はそちらに載せます。

次に休日、特別休暇のところですが、特別休暇に、国民裁判制度の公職休暇を入れるか検討してください。日当が出ますので、無休でいいと思います。また、古くに作られた就業規則では、結婚式休暇が５日とられているひな形もあります。今の情勢では、そのような行動をとらない方が多いと思われますので、再調整が必要になります。

第5章　服　　務

（欠勤及び遅刻、早退）

第２３条　欠勤及び遅刻、早退するときは所定の様式により事前に会社に届けなければならない。但し、やむを得ない事由により事前に届け出ることができないときは、電話等により連絡し、出勤した日に届け出なければならない。

２．病気欠勤４日以上に及ぶときは、医師の診断書等を提出しなければならない。

３．無断及び無届欠勤に対する年次有給休暇の振替は認めない。

（私用面会）

第２４条　私用面会の為、就業時間中職場を離れる場合は、予め会社に届け出てその許可を受けなければならない。
２．来訪者との私用面会は原則として、休憩時間中に定められた場所で行わなければならない。

（出退社）
第２５条　社員は出社及び退社については次の事項を守らなければならない。
①　始業時刻以前に出社し、就業に適する服装を整える等、始業時間より直ちに職務に取りかかれるように準備しておくこと。
②　出退社の際は本人自らタイムカードを打刻すること。但し、業務の都合で現場へ直行または直帰する場合で会社の許可を得たものについては、タイムカードの打刻をしなくてもよいこととする。
③　作業に必要でない危険物を所持しないこと。
④　退社時は備品、書類等を整理格納すること。

（服務心得）
第２６条　社員は服務にあたって、次の事項を守らなければならない。
①　社員は会社の方針及び自己の責務をよく認識し、その業務に参与する誇りを自覚し、会社及び上長の指揮と計画の下に、全員よく協力、親和し、秩序よく業務の達成に努めなければならない。
②　社員は業務組織に定めた分担と会社の諸規則に従い、上長の指揮の下に、誠実、正確かつ迅速にその職務にあたらなければならない。
③　社員が次の行為をしようとするときは、予め上長の承認を得て行わなければならない。
【１】物品の購入をするとき（消耗品の購入は除く）。
【２】販売物件及び手数料の値引きをするとき。

【３】会社の重要書類またはこれに類する物品等を社外に持ち出すとき。

④ 社員は下記の行為をしてはならない。

【１】会社の命令及び規則に違反し、また上長に反抗し、その業務上の指示及び計画を無視すること。

【２】職務の怠慢及び職場の風紀、秩序を乱すこと。

【３】取引先より金品の贈与を受けること、またそれを要求すること。

⑤ 社員は会社の業務の方針及び制度、その他会社の機密を外部の人に話し、書類を見せ、また雑談中当該内容を察知されないよう、注意せねばならない。

⑥ 社員は会社の名誉を傷つけ、または会社に不利益を与えるような言動及び行為は一切慎まなければならない。

⑦ 社員は職務上の地位を利用し私的取引をなし、金品の借入または手数料、リベートその他金品の収受もしくはゴルフの接待など私的利益を得てはならない。

⑧ 社員は会社への届出なく他の会社に籍をおいたり、自ら事業を営んではならない。

⑨ 社員は次の各号の一に該当する事項が生じたときは、速やかに会社へ届け出なければならない。

【１】社員が自己の行為により会社の施設、器物、資材、商品等を損傷し、もしくは他人に損害を与えたとき。

【２】会社の損失もしくはお客様に損害を及ぼし、またはそのおそれがあるのを知ったとき。

【３】会社または社員に災害の発生、またはそのおそれがあるのを知ったとき。

【４】会社の安全操業に支障をきたし、またはそのおそれがあるとき。

⑩　社員は、会社及び取引先等に関する情報、個人情報及び特定個人情報等の管理に十分注意を払うとともに、自らの業務に関係のない情報を不当に取得しないこと。

⑪　社員は、職場又は職種を異動あるいは退職するに際して、自らが管理していた会社及び取引先等の情報、個人情報及び特定個人情報等に関するデータ・情報書類等を速やかに返却すること。

⑫　第２７条に定める行為を行わないこと。

（セクシュアルハラスメント等の禁止）

第２７条　社員は、他の社員の権利及び尊厳を尊重し、セクシュアルハラスメント（性的な言動により他の社員の働く環境を悪化させ能力の発揮を妨げる等の行為により、他の社員の職業生活を阻害すること）、パワーハラスメント（いわゆる職場におけるいじめ行為や、言葉や態度等によって行われる精神的な暴力により他の社員の働く環境を悪化させる等の行為により、他の社員の職業生活を阻害すること）、マタニティハラスメント（妊娠した女性社員に対して、妊娠・出産が業務上支障をきたすとして退職を促すなど嫌がらせ行為）、パタニティハラスメント（育児のために休暇や時短勤務を希望する男性社員に対する嫌がらせ行為）及びこれらに該当すると疑われるような行為を行ってはならない。また、セクシュアルハラスメント、パワーハラスメント、マタニティハラスメント、パタニティハラスメントに対する社員の対応により当該社員の労働条件につき不利益を与えることも行ってはならない。

２．上記ハラスメントの相談窓口を所属長とし、所属長はこの申出に適切に対処しなければならない。所属長は事実関係を調査し、会社に報告し、会社は再発防止策を含む今後の措置を講じなければならない。

第5章 服 務（コメンタール）
　この服務の章の裏返しが、第８章懲戒及び退職になりますので、ペナルティも同時に考えていきます。
　服務規定には、その会社の思いを乗せていいところです。

第6章　　教　　　　育

（教　　　育）

第２８条　会社は社員の技能知識教養を向上させるために必要に応じて教育を行い、または社外の教育に参加させることがある。

第6章 教 育（コメンタール）
　サンプルでは、抽象的な条文のパターンで載せていますが、助成金を申請する際には問題になるケースがあります。

第7章　　表彰および制裁

（表　　　彰）

第２９条　社員が次の各号の一に該当したときは、その都度審査のうえ表彰する。

①　業務成績、優良で他の模範と認められるとき。
②　業務に関して、有益な発明考案をしたとき。
③　災害の防止または、非常の際、特に功労があったとき。
④　前各号に準ずる程度の業務上の功績が認められるとき。

（表彰の方法）

第３０条　表彰は、次の各号の１つまたは２つ以上を併せて行う。

①　表彰状の授与

② 賞金または賞品の授与
③ 昇給または昇格

（制　　　裁）
第３１条　会社は社員の就業を保障し、業務遂行上の秩序を保持するため、就業規則の禁止・制限事項抵触する社員に対して、制裁を行う。

（制裁の種類、程度）
第３２条　制裁の種類は次のとおりとする。
① 譴 責－－始末書を提出させ、書面において警告を行い、将来を戒める。
② 減 給－－始末書を提出させて、減給する。但し、１回につき平均賃金の１日分の半額、総額においては一賃金支払期の賃金総額の１０分の１を超えない範囲でこれを行う。
③ 出勤停止－－始末書を提出させ、１４労働日以内の出勤を停止する。その期間の賃金は支払わない。
④ 諭旨退職－－退職願を提出するよう勧告する。なお、勧告した日から３日以内にその提出がないときは懲戒解雇とする。
⑤ 懲戒解雇－－予告期間を設けることなく、即時に解雇する。
所轄労働基準監督署長の認定を受けたときは予告手当を支給しない。

（譴責、減給及び出勤停止）
第３３条　以下の各号の一に該当する場合は、減給または出勤停止にする。但し、情状によっては譴責にとどめることがある。
① 正当な理由なく欠勤、遅刻を重ねたとき。
② 過失により災害または、営業上の事故を発生させ、会社に重大な損

害を与えたとき。

③　タイムカードの不正打刻をしたもしくは依頼した場合。

④　第５章の服務心得等に違反した場合であって、その事案が軽微なとき。

⑤　その他前各号に準ずる程度の不都合な行為を行ったとき。

（懲戒解雇）

第３４条　以下の各号の一に該当する場合は懲戒解雇に処する。但し情状によっては、諭旨退職、減給または出勤停止にとどめることがある。

①　無断もしくは正当な理由なく欠勤が連続１４日以上に及んだとき。

②　出勤常ならず、改善の見込みのないとき。

③　刑事事件で有罪の判決を受けたとき。

④　重要な経歴をいつわり、採用されたとき。

⑤　故意または重大な過失により、災害又は営業上の事故を発生させ、会社に重大な損害を与えたとき。

⑥　会社の許可を受けず、在籍のまま他の事業経営に参加したりまたは労務に服し、若しくは事業を営むとき。

⑦　職務上の地位を利用し、第三者から報酬を受け、若しくはもてなしを受ける等、自己の利益を図ったとき。

⑧　会社の許可なく業務上金品等の贈与を受けたとき。

⑨　前条で定める処分を再三にわたって受け、なお改善の見込みがないとき。

⑩　第５章の服務心得に違反した場合であって、その事案が重大なとき。

⑪　暴行、脅迫その他不法行為をして著しく社員としての体面を汚したとき。

⑫　正当な理由なく、しばしば業務上の指示・命令に従わなかったとき。

⑬　私生活上の非違行為や会社に対する誹謗中傷等によって会社の名誉信用を傷つけ業務に重大な悪影響を及ぼすような行為があったと

き。

⑭　会社の業務上重要な秘密を外部に漏洩して会社に損害を与え、又は業務の正常な運営を阻害したとき。

⑮　その他前各号に準ずる程度の不都合な行為のあったとき。

（損害賠償）

第３５条　社員が違反行為等により会社に損害を与えた場合、会社は損害を現状に回復させるか、または回復に必要な費用の全部もしくは一部を賠償させることがある。なお、当該損害賠償の責任は、退職後も免れることはできない。さらに、本人より賠償がなされないときは、身元保証人にその責任を追求することがある。

第７章 表彰および制裁（コメンタール）

ここは、企業の思いを入れてよいところですが、常に条項を意識することが必要です。

表彰項目はあるのに全く機能していないというのはよくあることです。（第２９条）

金銭的な弁償には法的制限がありますので要注意です。（第３２条②）

企業に与えた損害としてはいわゆる実損しか認められません。（第３５条）解雇の中で懲戒解雇は、この制裁の方に入ります。（第３４条）

第８章　　解雇及び退職

（解　　雇）

第３６条　社員は次の事由により解雇されることがある。

①　身体、精神の障害により、業務に耐えられないとき。

②　勤務成績が不良で、就業に適さないと認められたとき。

③　会社内において、会社の許可を受けず演説、文書の配布掲示、その

他これに類する行為をしたとき。

④　会社内において、明らかに一党一宗に偏した政治及び宗教活動を行ったとき。

⑤　事業の縮小等、やむを得ない業務の都合により必要のあるとき。
事業の運営上、やむを得ない事情又は天災事変その他これに準ずるやむを得ない事情により、事業の継続が困難になったとき。

⑥　試用期間中又は試用期間満了時までに社員として不適格であると認められたとき。

⑦　その他､第５章の服務心得等にしばしば違反し､改悛の情がないとき。

２．解雇するときには、３０日前に予告する。予告しないときは平均賃金の３０日分を支給して即時解雇する（平均賃金の３０日分とは、過去３ヶ月の総支給額をその期間の暦日数で除したものを１日分としてその３０日分をいう）。なお、予告日数は平均賃金を支払った日数だけ短縮することが出来る。

３．第１項で定める事由により解雇される際に、当該社員より証明書の請求があった場合は、解雇の理由を記載した解雇理由証明書を交付する。

（解雇制限）

第３７条　社員が業務上の傷病により療養のために休業する期間及びその後３０日間ならびに女性社員が第１５条第１項第１号の規定により出産のため休業する期間及びその後３０日間は解雇しない。

（一般退職）

第３８条　社員が以下の各号の一に該当する場合には、当該事由の発生した日をもって退職とする。

①　死亡したとき。

②　期間を定めて雇用した者の雇用期間が満了したとき。

③　自己の都合により退職を申し出て会社の承認があったとき。

④　休職期間満了までに休職理由が消滅しないとき。
⑤　社員が行方不明となり、３０日以上連絡がとれないとき。

2．社員が自己の都合により退職しようとするときは、原則として退職予定日の１ヶ月前までに遅くとも２週間前までに、会社に文書により退職の申し出をしなければならない。

3．退職する者は、退職日までに業務の引継その他指示されたことを終了し、貸与または保管されている金品を返納しなければならない。

（定年退職）

第３９条　社員の定年は満６０歳とし、定年に達した日の属する月の末日をもって自然退職とする。

2．会社は定年に到達した社員の内、継続勤務を希望する者は、６５歳まで嘱託社員として再雇用し、その者と嘱託契約を締結する。

3．嘱託社員の労働条件・就労条件は、個別の雇用契約書に定める。

4．６５歳以上の社員についても会社が必要と認める場合は、あらためて嘱託として再々雇用することがある。

第８章 解雇及び退職（コメンタール）

第３６条は普通解雇と言われ、３６条２の通り予告が要ります。ここは、非常に重要な箇所で、このルールを守れば、普通解雇は出来るのです。
理由のうち、⑤の事業の縮小のためというのは整理解雇と言われ、所定のプロセスを経ないといけません。

どのような場合、普通解雇できるのかというのは考えられる理由を列挙しておくべきです。

２００６年の高年齢雇用安定法で、希望者全員を何らかの形で６５歳まで、つなぐことが必要になりました。

使用者が必要認める場合のみという表現は法違反です。（第３９条）
この書式では、６０歳定年からの継続雇用の仕組みを取っています。

（第３９条2）

退職時に何が起こるかというと退職金の支払い（制度のある会社のみ）であり、これをライフプランに入れている社員も多いので必ずしも定年延長は喜ばれません。

第９章　　休職、配置転換及び出向

（休　　職）

第４０条　社員が以下の各号の一に該当するときには休職を命ずる。

① 私傷病など業務外の傷病による欠勤が３０日にわたったとき。

② 家事の都合、その他やむを得ない事由により３０日欠勤したとき。

③ 公の職務につき、業務に支障があるとき。

④ 出向をしたとき。

⑤ 前各号のほか、特別の事情があって、会社が休職をさせることを必要と認めたとき。

（休職期間）

第４１条　休職期間は3か月とする。次のとおりとする。但し、情状により期間を延長することがある。

２．前条②③④⑤の場合 その必要な範囲で、会社の認める期間

３．休職期間中、賃金は支給しない。

４．休職中、一時出勤しても、６ヶ月以内に同一理由及び類似理由で欠勤するようになったときは期間の中断は行わない。

５．休職期間満了後においても休職事由が消滅しないときは満了の日をもって自然退職とする。

（復　　　職）
第４２条　休職の事由が消滅したと会社が認めるときは、原則として直ちに旧職務に復職させる。但し、業務の都合上異なる職務に配置することがある。

（配置転換及び出向）
第４３条　業務上必要がある場合には、社員に就業の場所若しくは、従事する職務の変更または出向を命ずることがある。

第９章 休職、配置転換及び出向（コメンタール）

　休職期間の限度の条項は必ず付けてください。

　私傷病で重病になり復帰できないケースと言うのは結構あるのです。

　その際に規則がないとどうしても、人情が働いてしまい復帰を待つのが長引くことになるのです。

　出向や配置転換については必ず記入し、採用面接の際に可能性をしっかりと説明しておくべき事項です。

　抜け落ちますと聞いていなかったとのトラブルが多く、使用者側が負ける形になります。

第１０章　賃　　　金

（賃金計算期間及び支払日）
第４４条　賃金は、当月１日から起算し、当月末日を締め切りとした期間（以下、「賃金計算期間」という。）について計算し、翌月２０日に支払う。但し、当該支払日が休日の場合はその直前の休日でない日に支払うものとする。
２．前項の規定にかかわらず、次の各号の一に該当するときは社員（第１号については、その遺族）の請求により、賃金支払日の前であっても既

往の労働に対する賃金を支払う。

① 社員が死亡したとき

② 社員が退職し、又は解雇されたとき

③ 社員又はその収入によって生計を維持している者が結婚し、出産し、疾病にかかり、災害を被り、又は社員の収入によって生計を維持している者が死亡したため臨時に費用を必要とするとき

④ 社員又はその収入によって生計を維持している者が、やむを得ない事由によって１週間以上帰郷するとき

⑤ 前各号のほか、やむを得ない事情があると会社が認めたとき

（賃金の支払方法）

第４５条 賃金は通貨で直接社員にその全額を支払う。

２．前項の規定にかかわらず、社員の同意を得た場合は、本人が指定する金融機関の口座への振り込みにより賃金を支給する。また、次の各号に掲げるものについては賃金を支払うときに控除する。

① 源泉所得税

② 住民税（市町村民税及び都道府県民税）

③ 雇用保険料

④ 健康保険料（介護保険料を含む）

⑤ 厚生年金保険料

⑥ その他必要と認められるもので社員代表と協定したもの

（基 本 給）

第４６条 基本給は、日給月給制とする。

（基本給の決定）

第４７条 基本給は、社員の学歴、能力、経験、技能及び職務内容などを勘案して各人ごとに決定する。

（昇　　　　給）

第４８条　昇給は基本給を対象に毎年４月に社員各人の勤務成績を査定して決定し、当月から支給する。但し、会社の業績によっては、昇給の額を縮小し、又は見送ることがある。

（通勤手当）

第４９条　通勤手当は、公共交通機関を利用する者に実費相当額を支給する。但し、上限１万円とする。

（割増賃金）

第５０条　所定労働時間を超え、かつ、法定労働時間を超えて労働した場合には、時間外労働割増賃を、法定の休日に労働した場合には休日労働割増賃金を、深夜（午後１０時から午前５時までの間）に労働した場合には深夜労働割増賃金を、それぞれ次の計算により支給する。

２．所定労働時間を超え、かつ、法定労働時間を超えて労働した時間、又は休日に労働した時間が深夜に及ぶ場合は、時間外労働割増賃金又は休日労働割増賃金と深夜労働割増賃金を合計した割増賃金を支給する。

時間外労働 割増賃金	基本給+諸手当(通勤手当除く) 月平均所定労働時間	×1.25×時間外労働時間数
休日労働 割舞賃金	基本給+諸手当(通勤手当除く) 月平均所定労働時間	×1.35×休日労働時間数
深夜労働 割増賃金	基本給+諸手当(通勤手当除く) 月平均所定労働時間	×0.25×深夜労働時間数

（賞　　　与）

第５１条　賞与は行わない。

（退　職　金）
第５２条　社員に対する退職金は、支給しない。

第１０章　賃　金（コメンタール）
＊賃金支払いの５原則を守ります。
(1) 現物給与の禁止（通貨払いの原則） (2) 直接払いの原則 (3) 全額払いの原則 (4) 毎月１回以上の原則 (5) 一定期日払いの原則
振込の場合には金融機関休業日の前か後か明記して、実際にそのように運用します。（当然、前日の場合の方が社員には有利になります）。
＊最低賃金
これは､必須ではありませんが､従業員に公表するという意味あります。

常に時給換算する意識を持つことが必要になります。

条文事例を上げます。

（事業場内最低賃金） 第〇条 当事業場における最も低い賃金額は、時間給又は時間換算額＊＊＊円とする。ただし、最低賃金法（昭和 34 年法律第 137 号）第７条に基づく最低賃金の減額の特例許可を受けた者を除く。
２ 前項の賃金額には､最低賃金法第４条第３項に定める賃金を算入しない。また、時間換算額の算出方法は、最低賃金法施行規則第２条の定めるところによる。
＊割増賃金（割増率）
法律改正により、６０時間を超える部分の割増率が変わりましたので、以下の条件を付けておいた方がベターです。

１ヵ月６０時間を超える超過勤務および法定外休日勤務の場合：勤務時間数×［ 対象給与÷１ヵ月の平均所定労働時間数 ］×１．５
＊固定残業
固定残業代を支給する場合は、何時間分に換算するのかの明記が必要です。

固定残業手当の額は月額●万円とし、約●時間分の時間外労働に対応する時間外手当が含まれるものとする。
＊賞与・退職金
ある場合に書くという相対的記載事項になりますが、キャリアアップ助成金など支援策において、これが条件とされつつあります。

第１１章　　災害補償

（災害補償）
第５３条　社員が業務上、負傷しまたは疾病にかかったときは、労働基準法の規定に従って次の補償をする。
① 療養補償 必要な療養の費用
② 障害補償 障害の程度で決定額
③ 休業補償 平均賃金の６０％
④ 遺族補償 平均賃金の１，０００日分
⑤ 葬祭料 平均賃金の６０日分

２．補償を受けるべき者が同一の事由について労働者災害補償保険法によって前項の災害補償に相当する保険給付を受けるべき場合においては、その給付の限度において前項の規定を適用しない。
３．社員が業務外の傷病にかかった場合は、健康保険法により扶助を受けるものとする。

第１１章　災 害 補 償（コメンタール）
ここは安易には変えられないところです。事業主が補償と書いてありますが、これは通常労働者災害補償保険法により支給されるところで、その基準になっているからです。
当然、労災の適用事業所になり、保険料を払うことが必要です。

第１２章　安全及び衛生

（心　得）

第５４条　社員は安全衛生に関する規定を守り、常に職場の整理整頓に努め、消防具、救急品の備付場所ならびにその使用方法を知得しておかなければならない。

（火災の措置）

第５５条　火災その他の災害を発見し、またはその危険を予知したときは、直ちにこれを係員または適当な者に報告してその指揮に従って行動しなければならない。

（健康診断）

第５６条　社員には、入社の際及び毎年１回以上の健康診断を行う。

２．健康診断の結果、特に必要のある場合は就業を一定の期間禁止し、または職場を配置替えすることがある。

第１２章　安全及び衛生（コメンタール）

「地味」ですが、この第５６条の法定健康診断は法律の定めであり重要で、運用面でも（事業主負担で）必ず実施することが必要です。

第１３章　副業・兼業

（副業・兼業）

第５７条　社員は、勤務時間外において、他の会社等の業務に従事することができる。

２．社員は、前項の業務に従事するにあたっては、事前に、会社に所定

の届出を行うものとする。

３．第１項の業務に従事することにより、次の各号のいずれかに該当する場合には、会社は、これを禁止又は制限することができる。

① 労務提供上の支障がある場合

② 企業秘密が漏洩する場合

③ 会社の名誉や信用を損なう行為や、信頼関係を破壊する行為がある場合

④ 競業により、企業の利益を害する場合

第１３章　副業・兼業（コメンタール）

副業・兼業を可能とするかは、選択できます。

世の中の潮流は可とする方向です。（募集時に応募者にどう映るかを考えてください）副業が可能な場合でも、競業忌避義務はつけるべきです。

付　　則

この規則は令和４年４月１日から施行する。

付則（コメンタール）

当初の制定日の明記からどこを改訂したのか、分かる様に付則に書いておくことです。（その意味では、このひな形は悪い例です）。

３．規程管理の仕方

会社の全規程の一覧をつくります。保存場所も決めます。（施錠必要）それぞれの責任者を決めます。

直近の世情・会社事情に合っているかレビューします。

改定時には、回覧時に閲覧者の押印を貰い、改訂履歴を残します。

改訂権限者、レビューの時に意見を聞くメンバーも決めるべきです。

著者略歴

株式会社西河マネジメントセンター
2022年に西河豊が設立
業務：経営に関するコンサルティング業務・財務に関するコンサルティング業務・企業研修に加え、各種の経営関係ソフトも販売していく

氏名：西河　豊（にしかわ　ゆたか）
1959年　京都府京都市生まれ
西河経営・労務管理事務所、ものづくり補助金情報中心（センター）代表
資格：中小企業診断士、社会保険労務士、経営革新支援認定機関
1984年4月～2000年2月 金融機関勤務
2000年独立開業
2016～2017年　大山崎町商工会会長
執筆：「補助金獲得へのロードマップ」「助成金獲得へのロードマップ」
「待ったなし！外国人雇用」2019年
「非接触ビジネス推進と事業再構築」「事業再構築の教科書」2021年
「ＥＸ－ＣＦＯを使え！」2022年
以上　三恵社
学歴：大阪外国語大学　中国語学部（現大阪大学　国際学部）

労務管理技術便覧 ～覆面調査員が見る５つのポイント～

2023年１月３１日　初版発行

監　　修　株式会社西河マネジメントセンター
著　　者　西河　豊
定　　価　本体価格 1,700円＋税
発 行 所　株式会社　三恵社
〒462-0056 愛知県名古屋市北区中丸町 2-24-1
TEL 052-915-5211　FAX 052-915-5019
URL http://www.sankeisha.com

ISBN 978-4-86693-735-9 C2036